天下雜誌

觀念領先

哈佛史上最受歡迎的正向心理學，
5個面向鍛造反脆弱韌性，建立心理復原力！

# 更快樂的選擇

## HAPPIER, No Matter What

Cultivating Hope,Resilience, and Purpose in Hard Times

塔爾·班夏哈 Tal Ben-Shahar 著　朱靜女 譯

# 目錄


序章 無論如何，選擇更快樂……5

第一章 精神上的幸福……49
信念決定生活的態度
——一個簡單的改變，和生活中的意義產生連結。

第二章 身體上的幸福……95
問題不在於壓力，在於身體缺乏修復的機會
——適當的休息不但幫助我們更快樂，也會更有生產力及創造力。

第三章 智識上的幸福……149
常保好奇，寬容失敗而不指責缺陷
——提出的問題愈正面，帶動變革的努力就會愈持久、愈成功。

第四章 關係上的幸福……197
允許自己當個普通人，從自我出發的給予
——僵局為我們提供了重要的學習機會，讓我們成為更好的人。

第五章 情緒上的幸福……245
主動擁抱情緒，選擇最適當的行動
——所謂的勇氣並不是毫無畏懼，而是接受不安的存在，並持續前進。

結論 繼續前進……291

謝辭……301

序章

# 無論如何，選擇更快樂

我們不一定會在未來等到最好的一副牌，
但是我們可以選擇把手上這副牌打到最好。

**對我來說，關於快樂唯一能讓人滿意的定義，就是完整。**

——海倫．凱勒（Helen Keller）

「所以啊，塔爾，我們現在是不是該把快樂給『隔離』起來啦？」我的朋友半開玩笑地問我。

此刻的我們深陷在橫掃全球的冠狀病毒大流行之中。不可否認，COVID-19危機確實為我們帶來一連串激劇的挑戰。也許你染病了，也許你擔心會染病；甚至，你可能慟失親人，承受著令人難以想像的痛。再或者，你飽受失業的衝擊。為人父母者在工作和育兒這兩種彼此競爭的責任中，努力尋求平衡。家長和老師為了學生到學校是不是安全，而大傷腦筋。

此外，對於必須和親朋好友保持隔絕，我們也都覺得忍無可忍。對許多人來說，隨著壓力攀升，愈來愈覺得自己被籠罩在憂鬱的迷霧之中。那些可以讓我們放鬆的日常活動，比方說出去吃一頓飯或是去看一場表演，原本是那麼稀鬆平常，但在一夕之間，這些事統統都不能做了。那些讓人滿心期待的歡樂假期還有婚禮，也都突然被取消。我們戴上口罩，保護自己和他人免受病毒的侵害，但這卻讓我們走在路上，連要跟陌生人報以微笑都辦不到。

處於這種前所未有的新局面，還要研究什麼快樂之道，到底有什麼意義？其實打從新冠疫情才剛開始爆發，很多人便呼應我朋友的觀點：覺得也許我們應該把快樂隔離起來；應該暫時先把快樂這門學問束之高閣。他們認為，一旦一切恢復正常，我們當然就可以再度把焦點放在追求快樂上。但是考慮到現在世界上正在發生的每一件事，難道我們不應該先暫停追求快樂嗎？

對於這道問題，我的答案是否定的：我們不應該把快樂隔離起來。

我們絕對不該把快樂束之高閣！事實上，在充滿挑戰且無論是什樣挑戰的時刻，研究快樂之道，比以往任何時候都更重要，也更切身相關。

## 從逆境中成長

我們可以粗略地把人類所有的經驗感受放在一個連續的頻譜上，跨幅從消極的感受，到中性的感受，再到積極的感受。例如，痛苦、煎熬、不幸還有艱辛等經歷，是落在消極的這一端，而歡樂、喜悅、幸運和寬慰，則是屬於積極的那一端。我們在頻譜的正中間，還有個標示為零值的原點，這個點代表著「我覺得不好也不壞」。

| -5 | -4 | -3 | -2 | -1 | 0 | 1 | 2 | 3 | 4 | 5 |
|---|---|---|---|---|---|---|---|---|---|---|
| 消極的 | | | | | 中性的 | | | | | 積極的 |

許多人認為快樂學要處理的問題，是從「中性的」到「積極的」這

兩個跨距之間的任何感受。換句話說，只要你感覺不好也不壞，或是比這再好一點，你就可以從快樂學的研究成果中取經；但是如果你的狀態不太好——像是覺得悲傷或是焦慮，或是遭逢苦難而飽受煎熬，那麼就只有心理治療或是藥物可以幫助你。

當然，我完全支持尋求專業醫療的協助。無論我們整體而言，是不是過得還不錯，還是感覺我們的生活已經失控，心理治療對我們都有幫助；至於藥物，像是抗憂鬱劑或抗焦慮的藥物，都可以救人，我絕對不會建議任何人在沒有諮詢過醫生的情況下，停止用藥。但是，如果認為我們想要從快樂學的研究中得到幫助，身心必須先達到「不好也不壞」的狀態，才能從中受益，我認為這樣的觀念是有問題的。

事實上，快樂學在人類全部的經驗範圍都可以發揮作用。沒錯，快樂學可以幫助我們從三分進步到五分，也就是從感覺還可以，進步到感覺很好。但是當我們陷於負三分或負五分的處境時，快樂學對我們的幫助更大。它不但可以幫助我們反彈回去——甚至讓我們進一步向前跨越。何以如此？因為快樂學可以幫助我們增強心理免疫系統。

當我談到增強你的心理免疫系統或是生理免疫系統，我的意思並不是這樣你就不會生病。我的意思只是說你會比較不常生病，而且如果生病的話，你會好得更快。無論你是落在感受頻譜上的哪一個位置，快樂學都可以幫助你變得更快樂，哪怕只是讓你更開心一點點。此外，當困難與苦厄降臨的時候，它還能夠幫助你具備更好的應變能力。

事實上，**當你的心理免疫系統強大，你所具備的不只是心理復原的韌性而已，你會變成一個有本事反脆弱的人**——我認為這可以說是2.0版的心理復原韌性（Resilience 2.0）。「反脆弱」（antifragile）是由身兼紐約大學教授、作家、認識論者還有統計學家等多重身分的納西姆．塔雷伯（Nassim Taleb）所提出的概念。[1]要了解反脆弱這個概念，我們必須從認識復原韌性（resilience）著手。

復原韌性原本是一個來自工程領域的術語，意思是如果特定的物質或材料在承受內在或外在壓力之後，可以恢復到原本的型態，就會被認定具有復原韌性。我們可以用類似的方法來解釋心理的復原韌性，像是拿球落下然後彈回它原來的位置來做比喻。根據塔雷伯的說法，如果一種物質或材料在承受內在或外在壓力之後，不僅恢復到原本的狀態，甚至還因此變得更強大，那麼它就具有反脆弱性。

回到球的比喻，如果說一顆有復原韌性的球可以彈回它原來的位置，那麼一顆有反脆弱性的球則會反彈到比原來還要高的地方。一般而言，一個反脆弱系統在經歷艱辛之後，將會蛻變得更堅強、更美好、更快樂。這樣的反脆弱系統可能是一個無生命的物體，或是以個人、關係、群體甚至是一個國家的形式而存在的一種生物。

十九世紀的德國哲學家弗里德里希．尼采（Friedrich Nietzsche）曾寫下：「凡殺不死我的，都讓我變得更為強大」，他所描述的其實就是一種反脆弱性。就算你是在極度惡劣的困境裡走過一遭，你也可以在逆

1 塔雷伯，N.N.（Taleb, N. N.），（2012年），《反脆弱：脆弱的反義詞不是堅強，是反脆弱》（*Antifragile: Things That Gain from Disorder*），藍燈書屋（Random House）。

境中獲得成長，因為你親身體驗過反脆弱性。確實就是如此。創傷可以拖垮我們，也可以讓我們振作起來；可以讓我們變得更軟弱，或是讓我們變得更強大。

事實上，北卡羅來納大學的心理學家李察・特德斯奇（Richard Tedeschi）和勞倫斯・卡爾霍恩（Lawrence Calhoun）的研究指出，雖然遭逢苦厄的人有可能會出現創傷後壓力症候群（post-traumatic stress disorder，PTSD），[2]但是比起出現創傷後壓力症候群的可能性，他們更有可能經歷到的是創傷後成長（post-traumatic growth，PTG）。

我們大多數的人都聽過創傷後壓力症候群，症狀可能包括再度體驗創傷、焦慮和憂鬱、注意力不集中，以及睡眠障礙等令人痛苦不堪的後果。除此之外，還有可能出現另一種持久不散的體驗，那就是可以帶來好處的創傷後成長。

遺憾的是，沒有什麼辦法可以保證創傷後一定會有所成長。我們可以做的，是讓一些條件到位，使得出現創傷後成長的可能性顯著提高。

在我看來，快樂學的中心目標就是要幫助一般家庭、組織和社區認識這些條件，並且加以應用，希望藉此讓我們在大流行病帶來的困頓中，或是在任何其他苦難中，都能有所成長。有很多方法可以讓我們變得更有反脆弱的能力。

## 從研究到自我探索

為了讓身處動盪時期的你，有一些東西可以憑恃，好讓你站穩腳步，因此我寫下了這本書。你可以牢牢抓住書中的想法，更重要的是，你可以照著書裡所說的做法，如法炮製一番。我是一個心理學家，同時也是一位學者。我在我的專業上，需要大量從研究中萃取知識。然而，

2 卡爾霍恩，L.G.（Calhoun, L.G.）和泰德斯基，R.G.（Tedeschi, R.G.），（2006年）。《創傷後成長手冊：研究與實踐》（*The Handbook of Posttraumatic Growth: Research and Practice*）。羅德里奇出版社（Routledge）。

我覺得比起從研究中學習，更重要的是進行自我的探索（me-search）。我在研究報告中，主要是看其他人做了什麼，同時評估他們的行動方案，並從研究結果中學習。自我探索的目的也是一樣，但是是從自身出發——觀照內在，嘗試改變。

我酷愛閱讀傳記。我們可以從傳記中學到很多東西，特別是那些事蹟超凡入聖的人物傳記。傳記人物當中我最喜歡的一位，是受人敬重的印度領袖，同時也是一位行動家——聖雄甘地（Mahatma Gandhi）。甘地自傳的副標題是「我對真理的實驗故事」（*The Story of my Experiments with Truth*）。請注意此處的用語：它不是用「我對真理的發現」（*My Finding Truth*），也不是用「我對真理的探索」（*My Discovery of Truth*），而是說「我對真理的實驗」（*My Experiments with Truth*）。

在甘地的一生中，一直在為社會正義而奮鬥。他實驗了一些東西，而這就是我希望你在閱讀這本書的時候，試著去做的事。沒錯，你會讀到很多關於快樂學的研究，你也會看到如何把這些想法融入生活的技巧。但最重要的是，我希望你可以考慮實際運用這些想法和技巧，看看可以為你帶來什麼成效。

在你的人生旅途中，有些策略可能非常適合此刻的你；有些可能在你的將來會派上用場；有些則可能終其一生都用不到——但是不去試試看，你怎麼會知道。

特別是在生活充滿不確定性的時候，無論是在為人父母、職場、個人，還是專業層面，都有很多我們應該這樣，不該那樣的建議，著實令人無所適從。在這本書裡，我希望提煉出一些有憑有據的資訊給你，讓你可以在心理學研究的基礎上，進行自我探尋，在混亂中創造一點秩序。我想提供你一些可以拿來運用的策略，讓你**現在**就可以變得更快樂。

我之所以會開始研究快樂學，主要是源自於我的不快樂。我並不確定我是不是通過臨床上鑑定憂鬱或是焦慮的門檻，但我可以確定的是，大多時候我所感受到的是悲傷或壓力。這也就是為什麼我會對正向心理學產生興趣。三十年後，有人問我：「所以你現在終於得到快樂了嗎？」我對這道問題的答案是：「我不知道，我只知道我現在比較快樂了。」看了這本書你就會知道，**建構反脆弱性的目的，並不是要為你帶來永遠幸福快樂的生活。我甚至不相信有永遠幸福快樂這種事。**

快樂和不快樂，並不是二元對立的條件——意思是並沒有一個分界點，把快樂和不快樂的世界一分為二：落在這個點之前的我們，是不快樂的，而在這個點之後的我們，則是快樂的。**快樂應該像是一道連續的光譜**。在過去的三十年裡，我在這道連續的光譜上，向更快樂的那一端大幅推進，我當然希望五到十年後的我，會比今天更快樂——我希望你也一樣。這是一段終生的旅程，直到生命結束的那一刻，才會終結。

## 關於成功與快樂的因果迷思

究竟快樂是什麼呢？快樂為什麼重要？我們如何才能獲得快樂？

在我們進行定義之前，我想先跟你分享一些研究結果。這些研究對於快樂本身、快樂在我們的生活中所扮演的角色，以及如何得到快樂，都有著極大的誤解。這個常見的誤解是這樣的：「如果我能實現我的夢想——達到這個目標，觸及那個里程碑——我就會很快樂。」或者，經歷了一些重大的挫敗之後，我們就認為：「我的夢想就此終結，一切都完蛋了。因為既然我沒有成功，那麼我將永遠得不到快樂。」照這個公式來看，成功是因，快樂是果。然而，事實證明這個公式是錯的——而且還不是一點點錯，而是大錯特錯。

有許多研究挑戰了「成功會帶來快樂」這條公式。例如，哈佛大學教授丹尼爾．吉伯特（Daniel Gilbert）針對大學教授職業生涯中最重要的時刻進行研究：在他們快要知道自己是不是可以獲得終身教職（tenure）的時候，問他們得知結果後，可能會有什麼感受。[3]大多數教授預測自己會是這樣的反應：如果他們獲得終身教職，他們就可以永

[3] 吉伯特，D.（Gilbert, D.），（2007年），《快樂為什麼不幸福？》（*Stumbling on Happiness*），溫特奇圖書出版公司（Vintage Books）。

遠幸福快樂；但如果他們的終身教職申請案被否決了，他們將會有很長的一段時間一蹶不振。畢竟，終身教職被視為教授的聖杯。

爭取終身教職通常是一段歷時十五年的過程，一旦通過就意味著取得終身聘。而這也意味著不再需要一直頂著發表論文的壓力，同時意味著你可以一直在你任教的大學留任。那麼，終身教職申請案的結果公布後，實際的情況究竟如何呢？

那些獲得終身教職的教授聽到這個消息後，確實欣喜若狂，而那些終身聘任案被拒絕的教授們，也確實悲痛欲絕，這是可以理解的。但是從長遠的角度來看，到頭來這件重要的大事對於他們的人生到底會有多快樂，或是多不快樂，幾乎沒有什麼影響。

換句話說，教授們顯然高估了重大的成功或是失敗，左右自己快不快樂的影響力。大多數的教授認為，取得終身教職這件事極為重要，重要到可能讓他們的人生就此改觀。然而事實上，這件事成功與否為教授所帶來的，只是「暫時的」情緒高亢，或是「暫時的」意志消沉，而它的影響也僅止於此。

關於彩券的中獎者也有類似的研究。[4] 我們當中有多少人認為，如果我們中了彩券，從此之後一切都會變得更美好？事實上，就算得到一筆意外之財，一切也不會就此變得更美好。

彩券中獎者在中獎的當下會非常亢奮，就像剛取得終身教職的教授一樣。但是他們還是會回到原來的心理狀態。一直都不快樂的人在中獎之後，雖然快樂指數會陡然飆升，但這樣的歷程通常很短暫，然後就會回到原本悶悶不樂的狀態。一切都沒有改變。

其他像是結婚或是失業等重大生活事件對於快樂程度的影響，也是如此：我們通常會經歷暫時的亢奮，或是暫時的情緒低潮，然後就會回到事件發生之前，我們原本在快樂光譜上所處的位置。

---

4 布里克曼，P.（Brickman, P.）、寇提斯，D.（Coates, D.）和布爾曼，R.J.（Bulman, R.J.），（1978年），〈彩券中獎者和事故受害者：幸福是相對的嗎？〉（*Lottery Winners and Accident Victims: Is Happiness Relative?*），《人格與社會心理學期刊》（Journal of Personality and Social Psychology），第36卷，頁917-927。

我在哈佛大學任教時，曾經針對我的學生們做過一次非正式的意見調查。我的班上大約有一千名學生，我請他們回想去年的四月二日，或者幾年前的四月二日。

為什麼挑四月二日這一天呢？因為那通常是大學錄取通知書送達的日子。通知書上會寫著：「恭喜你，你被錄取了！」或者「很抱歉，我們今年的招生競爭非常激烈。」既然這些學生都坐在我的課堂上，他們當然都被錄取了。

於是我接著對他們說：「如果你在四月二日那天感到非常高興、欣喜若狂的人，請舉手。」幾乎每一隻手都舉了起來。然後我問：「在四月二日那天，你認為自己接下來的人生都會很快樂的人，請舉手。」幾乎所有人都再次舉起了手。為什麼會這樣？

因為當他們就讀高中時，大家都這樣跟他們說：沒錯，你現在可能陷入水深火熱之中，壓力爆大，甚至覺得很痛苦，但是只要你能夠進入心目中最理想的大學，現在的辛苦會讓你一輩子都值得，而他們對這樣的說法深信不疑。

最後我問他們：「如果現在的你是快樂的，就請你繼續舉著你的手。」我不是說「很快樂」，也不是說「欣喜若狂」，我只是說「快樂」然而，這時大多數的學生，都把手放了下來。

美國大多數的大學生都覺得壓力很大，他們不得不去做的每一件事，把他們壓得喘不過氣。[5]青少年以及年輕人憂鬱的程度都在飆升，這種情況早在冠狀病毒爆發之前就已經開始了。[6]就心理健康而言，這種現象看起來不太妙，但是人們仍然相信成功會帶他們走向幸福快樂的國度。真的是這樣嗎？其實並不會！

成功確實會讓你感到飄飄然，而失敗會讓你的心情跌落谷底，但是

---

5 蘭伯特，克雷格（Lambert, Craig），（2007年），〈快樂學〉（*The Science of Happiness*），《哈佛雜誌》（*Harvard Magazine*）。

6 特溫格，J.（Twenge, J.），（2017年），〈青少年心理健康在五年內不斷惡化，可能有罪魁禍首〉（*With Teen Mental Health Deteriorating over Five Years, There's a Likely Culprit.*），《對話》（*The Conversation*）。

這些波動起伏轉瞬即逝，它們本身並不是建立幸福人生或不幸人生的基石。這樣說來是否意味著成功和快樂之間沒有關係？這倒不是。事實上，成功和快樂之間，有一種非常牢固的關係，但是作用的方向跟大多數人的想法剛好相反。也就是說，**並不是成功為我們帶來幸福快樂；而是幸福快樂帶領我們邁向成功**。

## 為什麼快樂很重要

心理學家和組織學者一致證明，**如果你能提高自己的幸福感，哪怕只是提高一點點，你的人生就會明顯變得更成功**。[7]我這裡所說的成功，指的不只是傳統意義上的目標實現，而是包括更廣泛、更多面向的意義，譬如說在角色扮演上，無論是為人父母、伴侶、員工、教練還是朋友，你都會做得更稱職。

**只要我們能讓自己快樂一些，就算只是微幅的改變，我們都可以因**

**此變得更有創造力也更富有創新性**。無論是對於職場上的成人，還是學校裡的孩子來說，都是如此。隨著幸福感的提升，我們在職場和學校的生產力和敬業程度都會跟著顯著提高。而隨著快樂水準升高，我們也會變得更友善、更慷慨；整體而言，暴力以及不道德行為發生的可能性也會跟著降低。我們的心理和生理免疫系統是相互關聯的，提升快樂水準不僅可以增強我們的心理復原韌性，也會增強我們的生理韌性。快樂的人會更健康、更能防禦疾病，也會更長壽！[8]

我們可以直接享有快樂提升帶來的好處，但我們不會是從中唯一受

---

7 柳波莫斯基，S.（Lyubomirsky, S.）、金，L.（King, L.）和狄勒，E.（Diener, E.），（2005年），〈常保正向情感的好處：快樂會帶來成功嗎？〉（*The Benefits of Frequent Positive Affect: Does Happiness Lead to Success?*），《心理學公報》（*Psychological Bulletin*），第131卷，第6期，頁803-855。

8 弗雷德里克森，B. L.（Fredrickson, B. L.），（2001年），〈正向情緒在正向心理學中的作用：正向情緒的擴展和構建理論〉（*The Role of Positive Emotions in Positive Psychology: The Broadenand-Build Theory of Positive Emotions*），《美國心理學家》（*American Psychologist*），第56卷，第3期，頁218-226。

益的人。快樂感可以改善我們的人際關係，尤其我們許多人會長期待在同一個地方與一群人共處，在這種情況下，改善人際關係的好處就顯得更加重要。[9]但這並不代表一個人常保快樂之心，就可以讓衝突在家裡消失得無影無蹤。你仍然會感到不滿，也會有意見不合的時候——可能某些日子你會覺得焦慮到不行，或者無法忍受跟同一群人形影不離。這其實沒什麼大不了，這都是我們「生而為人」必須承擔的一部分。

好消息是，**即使只是讓自己感覺更快樂一點點，都可以因此讓你少碰到一些人際關係的挑戰，就算真的遇上了，你也更能應付自如**。此外，快樂是有傳染力的，一旦你讓自己更快樂，你就可以幫助周圍的人變得更快樂，進而創造出一個更幸福快樂的世界——一個更健康、更有道德感的世界。

## 快樂是什麼？

我敢肯定，當你聽到快樂並沒有統一定義這樣的說法，不會感到太驚訝。事實上，快樂究竟有多少特徵，答案可能跟人類的數量一樣多，因此包括這個領域的專家在內的許多人都認為，快樂這種東西就像美麗一樣：當你看到或是體驗到的時候，你就會知道。儘管如此，我還是覺得為了讓我們理解快樂、追求快樂以及實現快樂人生，幫快樂下定義是很重要的。

你可能不同意我的定義，這也無妨。我並不是要宣稱一個終極的真理。因此，無論你要使用我的定義還是其他的定義，都沒有關係。**重要的是，你要思考快樂對你而言是什麼，進一步解構之後，去掌握如何獲得快樂。**

9 出處同上。

我接下來要提出的這套定義，是我跟我的同事梅根．麥克多諾（Megan McDonough）以及瑪麗亞．希羅伊斯（Maria Sirois）共同開發的，我們是根據海倫．凱勒（Helen Keller）的說法衍生而來。海倫．凱勒在二十世紀之初寫道：「對我來說，關於快樂唯一能讓人滿意的定義，就是完整。」[10]我們把凱勒的說法加以延伸，把快樂定義為「全人的幸福安康」（whole person wellbeing）。我們把「全人」（whole person）還有「幸福」（wellbeing）兩個詞彙加總一起，提出一個更簡潔的定義：「**快樂就是達到全人的幸福境界**。」（*Happiness is whole being*）。

當有人問我快樂是什麼，我要是能直接回答「快樂就是完整」（It's whole-being!），這樣豈不是太棒了？但是事情沒有這麼簡單。首先，為了讓快樂的定義真正對我們有幫助，而且容易應用到我們的生活中，我們不得不更細膩地剖析「全人的幸福安康」（whole person wellbeing）。再者，直接回答「快樂就是幸福」還不夠的第二個原因，是因為追求快樂本身有其內在悖論。

## 快樂悖論

讓自己變得更快樂可以為我們帶來很多好處：像是身體免疫系統變好、人際關係變好、生產力和創造力提高，還有工作或學校的整體表現進步等。就算沒有上述這些好處，「感覺很棒」本身就是一件很棒的事，這正是快樂的價值所在。尋求快樂、迴避痛苦是我們的天性；我們想要沉浸喜悅帶來的那種飄飄然的感覺，不想要忍受痛苦的沉重煎熬。

但是問題來了。研究顯示，把快樂看得太重，或是太想變得更快樂，其實對我們是有害的。加州大學柏克萊分校的心理學家艾瑞絲·莫斯（Iris Mauss）以及之後的其他研究者指出，那些把追求快樂掛在嘴上

10 凱勒，H.（Keller, H.），（1957年），《敞開的門》（*The Open Door*），雙日出版社（Doubleday）。

的人——聲稱快樂是自己的關鍵價值——到頭來會變成不太快樂的人，而且他們在這個世界上會倍感孤獨。[11]不斷提醒自己快樂有多麼重要，自己有多麼想要，這樣可能會適得其反。

所謂快樂的悖論就是：**我們愈看重快樂，就會愈想要得到快樂，結果快樂卻益發難以捉摸**。

如果我們想要更快樂，我們該如何解決這個矛盾？也許可以自欺欺人？假裝不在乎，但其實內心深處在乎得很？還是告訴自己，我才不需要快樂？這樣搞得太複雜了！幸運的是，有一個解套的方法我們可以試試看——我們可以間接追求快樂。

如果我早上醒來時對自己說，我想要快樂，無論如何我都要得到快樂！這樣我就是直接在追求快樂。這種對快樂的刻意追求，會一直提醒我，快樂對我來說是多麼重要，我有多麼重視它，這樣反而對我有害。那麼間接追求快樂是什麼意思呢？意思就是我們可以追求帶來快樂的元素，而不是為了追求快樂本身而努力。這樣的做法是把我們的焦點集中在這些元素的價值上，而不是快樂本身。

讓我們打個比方：想想地球萬物不可或缺的陽光。如果你直視太陽會發生什麼事？你的眼睛會受傷，因為這麼做是有害的，你甚至可能會失明。那麼，怎樣才能享受觀看太陽的樂趣呢？你可以用間接的方式看太陽，像是透過稜鏡來觀察太陽光。稜鏡會把太陽光的組成，也就是顏色分解出來，形成一道彩虹。然後，你就可以仔細端詳、品味你眼前所看到的東西。

因此，對於快樂的追求，我們也可以如法炮製。根據艾瑞絲．莫斯等人的發現，**直接追求快樂反而會造成不快樂。相反地，用間接的方式追求快樂，先分解快樂元素，然後再追求這些元素——才是讓我們變得更快樂的正確途徑**。套用十九世紀的哲學家約翰．史都華．彌爾（John

---

11 莫斯，B.（Mauss, I.B.）、塔米爾，M.（Tamir, M.）、安德森，C. L.（Anderson, C. L.）和薩維諾，N. S.（Savino, N. S.），（2011年），〈追求幸福會讓人不快樂嗎？〉（*Can Seeking Happiness Make People Unhappy? Paradoxical Effects of Valuing Happiness*），《情緒》（*Emotion*），第11卷，第4期，頁807-815。

Stuart Mill）的話：「只有那些把他們的心思鎖定在某些目標上，而不是放在自己的快樂上的人，才是真正快樂的人。」[12]

對我們來說，關鍵問題在於所謂的「我們應該關注的其他目標」到底是什麼？「全人的幸福安康」的構成要件有哪些？這些要件是我們可以追求的，而且它們可以像我們用來比喻的彩虹顏色一樣，間接引導我們迎向那道我們希望追求的光。

## 攀登峰頂（SPIRE）

為了開發一條通往快樂的道路，我和我的幾位同事爬梳世界思想史，彙集從詩人、哲學家、神學家、科學家、經濟學家到心理學家的思想，確認出五個可以間接導向快樂的核心要素：精神層面（Spiritual）、身體層面（Physical）、智識層面（Intellectual）、關係層面（Relational）以及情緒層面（Emotional）的幸福安康。[13]這五大元素的每一項，對於達成全人的幸福安康各有貢獻，也是幫助我們邁向更快樂的人生關鍵。把這五大元素的英文字的字首取出來，可以組成一個首字母縮略詞SPIRE。

**精神上的幸福**（Spiritual wellbeing）：我們是否有意識、有目的地活著？所謂追求精神上的幸福，就是**找到生活的意義與目的**。這當然可能具有宗教性，卻不必然跟宗教有關。一個把自己的工作視為一項使命的銀行家，比起一個覺得自己的工作毫無意義的僧侶，前者在精神層面會得到更大的滿足。當我們的身心能夠安住在當下，而不被妄想所擾，我們也可因此體驗到精神上的富足安康。保持正念、專注當下，我們就可以把平凡的經歷提升為非凡的經歷。

12 米爾，J. S.（Mill, J. S.），（2018年），《自傳》（Autobiography），洛基出版社（Loki's Publishing）。

13 班夏哈，T.（Ben-Shahar, T.），（2021年），《幸福研究：入門學》（*Happiness Studies: An Introduction*），帕爾格雷夫麥克米倫出版公司（Palgrave Macmillan）。

**身體上的幸福**（Physical wellbeing）：我們有好好照顧自己的身體嗎？這是關於身、心的連結，以及它們對彼此的影響。追求身體上的幸福，**指的是透過「活動」——例如運動，以及「不活動」——休息和修復，來照顧自己**。當我們吃得健康或是充滿愛意地撫觸身體時，就可以滋養我們的生理和心理健康。

**智識上的幸福**（Intellectual wellbeing）：我們是否**喜歡接受挑戰，並且保有好奇心**？我們需要鍛煉我們的頭腦學習新事物。新冠大流行為我們帶來一線希望：我們許多人待在家裡的時間變得更長，因此有較多的時間投入智識的發展與自我成長。研究顯示，不斷提問、求知若渴的人不僅比較快樂，而且還會更健康。事實上，好奇心有助於長壽！[14]

**關係上的幸福**（Relational wellbeing）：我們**是否盡心呵護可以滋養我們人際關係間的連結**？幸福的首要預測指標，就是我們與「我們關心的人」以及「關心我們的人」共度的美好時光。我們是社會性動物，需要彼此連結，需要有歸屬感。這裡要談的不只是我們與他人的關係，還關乎我們與自己的關係。法國哲學家布萊士·帕斯卡（Blaise Pascal）曾經說過：「人類所有的問題，都源於人類無法獨自安靜地坐在一個房間裡。」隔離不一定代表孤立無援，我們要研究的，就是即使和親友分隔兩地，也能夠培養出更健康、更快樂的關係的方法。

**情緒上的幸福**（Emotional webeing）：我們**是否覺得自己受到尊重，內心是否感到平衡**？當無可避免的擾人情緒出現時，我們會怎麼做？我們如何培養比較愉快的情緒，比如喜悅、感恩和興奮？我們如何能夠一直維持比較高的快樂水準，而不是只能享受暫時的快感？

這些是構成SPIRE的五項要素，我們將在書中深入探討。

「*Spire*」這個字很適合用在這裡。這個字的其中一個含義是建築物的最

14 史汪，G. E.（Swan, G. E.）和卡梅利，D.（Carmelli, D.），（1996年），〈老年人的好奇心和死亡率：西方合作小組的五年期追蹤研究〉（*Curiosity and mortality in aging adults: A 5-year follow-up of the Western Collaborative Group Study.*），《老年心理學》（*Psychology and Aging*），第11卷，第3期，頁449－453。

高點，就像教堂的尖塔一樣。快樂是我們追求的最高點，是我們渴望觸及的那顆星。*Spire*也意味著呼吸。快樂讓我們呼吸順暢，而且可以增加我們的能量、參與度以及動力。把SPIRE的元素匯聚起來，就可以引領我們走向最美好的人生——也就是更快樂的人生。

## 不必追求財務上的富足嗎？

最近有人跟我說，「你還需要在SPIRE中添加第六個元素：財務上的富足（financial wellbeing）。」其實他並不是第一個提出這種建議的人。我在跟學生介紹SPIRE的時候，通常都會有人問，不用考慮錢的問題嗎？只不過剛剛提到的這個人甚至幫我想好如何配套。他說：「你可以把這個元素叫做『富裕的幸福』（affluential wellbeing），這樣剛好可以湊成ASPIRE（渴望）這個字，你還是有一個不錯的首字母縮略詞！」我還真的考慮過這個想法。

我最後沒有加上「富裕的幸福」（affluential wellbeing），湊成ASPIRE這個縮略詞，原因在於我覺得財務上的滿足其實已經融入SPIRE裡面了。此外，SPIRE的五個元素涵蓋的是人類的主要特徵，而財務問題則是屬於次要的。

哲學家對於人類的主要特徵和次要特徵分級，有什麼看法呢？例如，亞里士多德（Aristotle）把人稱為理性的動物——指的就是智識上的幸福。維克多．弗蘭克（Viktor Frankl）和存在主義者把人視為尋求意義的動物——這就是精神上的幸福。

約翰．多恩（John Donne）寫道：「沒有人是一座孤島」——意指人類是相互產生關係的動物，需要他人的陪伴。情感當然是我們生而為人的重要組成元素，關於這一點，我們不需要靠西格蒙德．弗洛伊德（Sigmund Freud）或大衛．休姆（David Hume）來說服我們。

再來談到身體健康，這可是維持我們以動物面向存在的關鍵，無疑是我們本質的一部分，就像理性、尋求意義的動物一樣，都是我們生而為人的本質。

但是很少有人認為人類是金融性生物或是金融性動物。雖然金錢會影響我們的精神、身體、智識、人際關係和情感生活，但它只是一種工具，而不是構成人類條件的內在本質。

這並不是說財務方面的富足不重要，絕對不是這樣的。我們必須能夠滿足我們對於食物、衣服和住房的基本需求，這攸關我們能否覺得自己是完整的。如果我們生活在貧困中，連基本的必需品都沒有，那肯定會影響我們和我們所愛的人。因此，維持財務上的滿足是很重要的，特別是在危機時期，我們更容易面臨財務困難，這個部份益發重要。

金錢確實會影響幸福，但僅限於滿足我們的基本需求為止，超過這個點之後，就算擁有更多的財富，對我們的整體幸福來説，也不會有太大的貢獻。有趣的是，一旦我們有足夠的錢可以滿足我們的基本需求，之後能夠對我們的幸福產生更大影響的，不是擁有更多的錢，而是如何使用它。

根據研究顯示，把錢花在體驗上，例如額外的假期，而不是花在買東西上，好比多買一件衣服，會為我們帶來更多的快樂。[15] 此外，金錢還有另一種可能違反直覺的用途，可以為我們帶來快樂，那就是把錢花在別人身上。當我們可以幫助他人，有所貢獻的時候，我們會變得更快樂。關於這個部分我們將在後面的篇章進行更多的討論。

最後，請記住，雖然追求SPIRE五大元素並不能保證你的財務安全，但是有鑑於成功與快樂之間的關係，它在這方面肯定對你有所幫助。

15 鄧恩，E.（Dunn, E.）和諾頓，M.（Norton, M.），（2013年），《快樂錢：更快樂消費的科學》（*Happy Money: The Science of Happier Spending*），西蒙與舒斯特出版公司（Simon & Schuster）。

## 改變可能成真

想要變得更快樂，有一個重要步驟，就是明白快樂水準的提升操之在我。理查．戴維森（Richard Davidson）、索妮雅．柳波莫斯基（Sonja Lyubomirsky）、傑佛瑞．史瓦茲（Jeffrey Schwartz）以及卡蘿．杜維克（Carol Dweck）等心理學家和神經科學家的研究清楚指出，快樂水準是可以被改變的，而且真的會發生變化。

換句話說，快樂的程度是可以調整的，而不是固定不變的。[16] 但這並不是說你可以快速徹底地改變你的快樂水準，這是一個需要時間累積的過程，然而小進步、小收穫肯定是可以期待的。如果你先進步一點點，然後再進步一點點，接下來在很長一段時間內累積更多的進步，那麼你就會有大大的進步。

這有點像在飛機上的感覺。你坐在飛機上，看著前座背後的小螢幕，上面設定的顯示是飛行路線圖。你可能會一直盯著地圖上的那架小飛機瞧，它看起來好像根本沒有在移動。後來你睡著了，或者花了很多時間試圖睡著，醒來發現自己流了口水，然後抬頭看螢幕。你看到了什麼？地圖上的飛機移動了！你快要抵達目的地了！同樣地，**關於提升快樂水準這件事，就算變化緩慢而且剛開始幾乎難以察覺，但是隨著時間的推移，你會發現改變不可同日而語。**

值得一提的是，無論你在快樂方面實現多少改變，取得多大的進步，你在生活中仍然會有遇到險惡、困難和煎熬的時候。快樂學不是靈丹妙藥，也不是奇思異想，更不會自動幫你抹去所有的煩惱。它可以做到的，是幫助你避免不必要的痛苦。

我們在逆境中會遇到兩個層次的痛苦，第一個層次是直接來自經驗本身的痛苦：不管是對我們的財務狀況的擔憂，還是在跟伴侶發生意見

---

16 柳波莫斯基，S.（Lyubomirsky, S.）、雪爾頓，K. M.（Sheldon, K. M.）和斯卡迪，D.（Schkade, D.），（2005 年），〈追求快樂：持續改變的架構〉（*Pursuing Happiness: The Architecture of Sustainable Change*），《普通心理學評論》（*Review of General Psychology*），第9卷，第2期，頁111。

分歧時感到的不安，或者是在遭受損失之後的煎熬，都是屬於這個層次。經歷第一層的痛苦是不可避免的。

但是，如果我們拒絕接受第一個層次的痛苦，或者剝奪自己的基本人類需求，例如運動、學習和友誼，或者不能把握當下、感恩我們所擁有的一切，這時第二個層次的痛苦就會出現。

無論是這本書還是任何跟這個主題相關的書，都不太可能幫助你解除第一個層次的痛苦，但肯定可以幫助你避免第二個層次的痛苦。

我研究所剛畢業時，當時的經濟正在衰退。由於我在攻讀博士學位期間曾經在商學院修課，因此被指派協助大學部的學生，進行未來職業生涯的規劃——包括撰寫履歷、申請工作還有準備面試。

有一天，我被要求針對就業市場狀況進行一場演講。我對我的學生直言不諱：「聽好，今年可不像去年。」前一年的公司徵才一直祭出簽約獎金吸引人才，而現在則是到處在裁員。「今年將會充滿挑戰」，我補充說道：「你勢必要加倍努力，才能找到工作。」

就在這時候，一個學生舉手發言：「塔爾，你是我們的快樂學老師，你跟我們談樂觀，但是在過去的二十分鐘裡，你卻滿口都是悲觀主義。你有沒有什麼樂觀的消息可以跟我們分享？」

從觀眾席傳來幾聲笑聲，然後便陷入一片沉默。坦白說，我被問倒了。起初，我原本打算回說：「一切的經歷，都是為了最美好的未來做準備。」但是在我的話還沒說出口之前，我便意識到自己並沒有完全認同這句話。因為最好的事情不一定會發生。所以我說：「我之後再給你答覆。」幾天後，我給學生一個答案：「**我們不一定會在未來等到最好的一副牌，但是我們可以選擇把手上的這副牌打到最好。**」

無論是糟糕的經濟，還是毀滅性的流行病，這些事情的發生可能都不是為了最美好的未來鋪路；人們為此而焦慮、掙扎、痛苦，甚至死亡。然而，無論我們遇到的是什麼危機，事情發生就是發生了。對於過去，我們無能為力，但是對於現在和未來的規劃，則操之在我。

我們要讓自己展現人性的光輝，要定期運動、休養生息、心存善念、從我們正在經歷的事情中學習、更重視我們的人際關係、保持正念、欣賞生活中的小事物——以上這些，都是有證據可以依循的做法，我們可以多加利用來幫助我們隨遇而安。

## SPIRE檢核

在本書每一章的最後，都有一項名為SPIRE檢核的練習，你可以用來協助評估你個人的進步。這是我和瑪麗亞·希羅伊斯還有梅根·麥克多諾一起開發的一套技術。

SPIRE檢核的主要用途是檢視每一項元素，做法是問自己幾個簡單的問題，評估你現在的位置，並評估你之後的表現。這項練習的目的，是要透過逐項的局部檢視，協助你綜觀全局。你會看到的問題大概是像這樣：

精神上的幸福：你在工作上，可以感受到工作的意義與使命嗎？
你在家中能感受到存在的意義與人生的目的嗎？
你可以專注在當下嗎？你可以保持正念嗎？

身體上的幸福：你身體的活力如何？你有照顧好自己的身體嗎？
你有好好休息讓身體恢復元氣嗎？
你如何應付壓力？

智識上的幸福：你現在有在學習新東西嗎？
你有沒有時時提問？你喜歡深度學習嗎？
你能不能自若地看待失敗？

關係上的幸福：你有花時間好好陪伴家人和朋友嗎？
你有深厚穩固的人際關係嗎？
你有好好照顧自己嗎？你是付出的那個人嗎？

情緒上的幸福：你有體驗到愉快的情緒嗎？
你能接受痛苦的情緒嗎？

**你認為你在生活中擁有的大部分東西，都是理所當然的嗎？**

**你珍惜你所擁有的一切嗎？**

在你進行SPIRE檢核問自己問題時，請記得先準備好紙和筆。SPIRE自我檢核有三個步驟。第一個步驟是替SPIRE的每一項元素打分數。想好你對這些問題的答案，然後根據答案從一到十給分，看看你在精神層面的幸福感上，會給自己打幾分，一分代表幸福感很低，或是很少體驗到幸福的感覺，而十分則代表很幸福，或是常常感受到幸福。例如，對於人生的意義，你的感受有多深刻？你能夠保持多專注或是多容易分心？根據你的回答，替自己的精神幸福打分數，然後在身體、智識、人際關係和情緒幸福方面，按照同樣的做法打分數。

當你替自己的每一項SPIRE元素都打了分數之後，第二個步驟就是要說明你替自己打這個分數的原因。在精神幸福方面，你為什麼給自己打六分，或者為什麼是打四分？也許你在家庭生活中可以找到意義，但是在工作方面，基本上沒有什麼目標感。

而談到保持專注，也許你意識到自己每五分鐘就會查看一下社群軟體，或經常因為新聞而分心，這些就是你無法完全專注於當下的原因，在說明你替全人幸福的五個要素打的分數時，請寫下你的原因。

最後一步是對症下藥：針對SPIRE的每一項元素，儘可能確切而具體地找出如何提高得分的方法。不是要你一下子提高十分，也不是一次就提高五分。只要一次提高一分就夠了。你可以做點什麼小事，幫助自己在日常生活中找到多一點點的意義？像是和朋友在一起的時候，如何更專心一點，諸如此類。

有些領域的得分可能已經讓你感到很滿意。譬如說，如果在身體幸福方面你得到七分，而這個分數已經讓你感到滿意，那麼你就可以想想如何維持住這個得分，或者暫時不去理會它，而把更多的時間專注於你想要改善的領域。在每一章中，我都會分享一些想法，幫助你提高你在

SPIRE各個領域的幸福感。**本書的目的是要根據科學和證據，幫助你找到適合自己的干預行動，也可以說是找到對症下藥的處方，幫助你在未來把分數提高個一分或二分，甚至更多。**

透過評估每一個領域的得分狀況，有助於我們在一開始先深入了解我們的各項幸福基準。無論你現在處於快樂頻譜上的哪一個位置，即使只是落在一分或二分的位置，你都可以在這個基礎上持續進步。請記住，我們要追求的不是「快樂」，而是要追求如何變得「更快樂」。在接下來的幾個星期、幾個月乃至幾年，請你不斷進行自我檢核，幫助自己建立平安度過生活中的潮起潮落所必需具備的反脆弱性。

就像一座經過防震強化的高樓可以耐得起地震一樣，SPIRE為我們提供了一套支撐的架構，幫助我們即使身處生活的災難之中，也能找到屬於自己的快樂之道，因為人生的災難無論是自然的還是人為的，都無可避免。

當你腳下的地面突然移動的時候，你可能會感到震驚，接著它又再移動了一下，但你不會因為這樣就分崩離析。在颶風期間，你可能會在狂風中搖來晃去，但你不會應聲折斷。你將從每一個挑戰中歷劫歸來，不僅可以毫髮無傷，而且會變得比以往更強大、更快樂。

不管發生什麼事，都不會擊倒你。

第一章

# Spiritual 精神上的幸福

## 信念決定生活的態度

如何透過一個簡單的改變，來和生活中的意義產生連結。
對你來說，那個改變會是什麼呢？

智慧的永久象徵，就是在平凡中見證不凡。

——拉爾夫．沃爾多．愛默生（Ralph Waldo Emerson）

有一個故事是這樣的，有一位遊客到義大利旅遊，他去到一個到處都是工人的建築工地。他走近一位建築工人的身邊，問他：「你在做什麼？」建築工人說：「我在砌磚。」

遊客又往前走了二十碼，看到另一個建築工人在做同樣的工作。他問那個建築工人：「你在做什麼？」第二個建築工人說：「我正在建造一堵牆。」

最後，他在現場看到了第三個建築工人，做著跟其他兩個建築工人一樣的工作。遊客問他：「你在做什麼？」建築工人看著他說：「我正在建造一座榮耀上帝的大教堂。」

**無論我們肩負的任務有多麼死板，或者面臨的挑戰有多麼艱鉅，關鍵在於我們對它的認知；我們的認知會讓我們產生不同的體驗。**

快樂的SPIRE元素中的第一項是精神上的幸福。大多數的人會把精神層次的靈性和宗教或是禱告連結起來。然而，這絕對不是必要條件。我們固然可以在猶太教堂、基督教堂、清真寺或是佛寺中體驗到靈性，然而我們也可以在日常生活中與靈性相遇。我們可以透過兩種方式體驗靈性：一是當我們在所做的事情中感受到意義與目的時，二是當我們全神貫注並專注於當下時，我們都可以體驗靈性。

當我們談論靈性時，我們需要做一個重要的區分。維克多．弗蘭克（Viktor Frankl）在他的《活出意義來》（*Man's Search for Meaning*）一書中將「**生命**的意義」（the meaning *of* life）與「**生活**中的意義」（the meaning *in* life）區分開來。生命的意義可能包含我為什麼在這裡？這一切的目的是什麼？生命到底所為何來？許多人會在宗教裡尋求答案，或者也有可能在為了更大的利益，而進行的崇高使命中尋求答案，例如戰勝貧困或是終結全球暖化。我們通常很難找到生命的意義，如果要和這個概念奮戰，可能會讓人感到很洩氣，尤其是在艱難的時期，我們只求能夠平安度過每一天就好，遑論追求生命的意義。

相較之下，要在生活中找到意義就容易得多了：我們可以在日常所做的普通事情中，或是從我們在家裡或是職場上的日常活動中找到生活的意義。我們在此主要探索的，就是生活中的意義，並把這個當成體驗精神幸福的一種方式——透過這個概念，我們將替一種更為快樂的人生開啟可能性，我們相信即使在充滿挑戰的時代，也是如此。

## 目的的力量

你對於自己最近所做的事，感覺如何？其中有什麼事情可以激勵你？以下的研究幫助我們了解，我們如何看待自己的工作。密西根大學組織心理學家艾美・瑞斯尼斯基（Amy Wrzesniewski）和珍・杜頓（Jane Dutton）針對工作的目的，進行了一項令人大開眼界的研究。[17]他們發現人們會以下列三種不同的心態，來看待他們的工作。

有些人大致上把他們的**工作視為一份差事**——完全是出於必要，不得不做的一份乏味的例行工作，只因你需要那份薪水。把工作當成一份差事，代表你對於如何做這份差事，幾乎沒有什麼選擇。如果你對於自己的工作認知是屬於這一類，你所感受到的是一份責任。如此一來，在工作時，你最期待的是什麼？也許是輪班結束、一週結束、期待已久的假期，或者你終於可以退休的那一天的到來。

還有一些人主要將他們的**工作視為一份事業**：對於不斷攀登組織階梯樂此不疲。對他們來說，一切都是為了在激烈的競爭中取得成功。把

---

17 瑞斯尼斯基，A.（Wrzesniewski, A.）和杜頓，J.（Dutton, J.），（2001年），〈打造一份工作：員工是他們工作的積極創造者〉（Crafting a job: Employees as Active Crafters of Their Work），《美國管理學會評論》（*Academy of Management Review*），第26卷，第2期，頁179-201。

工作視為事業屬於未來導向以及獎勵導向。你的工作動力來自於你想步步高升：你期待著加薪、獎金還有晉升。

還有一些人把他們的**工作視為一種使命**。如果你把你的工作視為一種使命，如此將會為你帶來目的感。在這種工作認知下，你會期待做得更多，因為你真正在乎、享受這份工作，並且對於從事這份工作充滿熱情，超越了責任感或是對於薪水的需求。你的工作對你而言很重要，它是很有意義的。

我們大多數的人會在不同的時間，分別出現這三種認知心態。我們有時候會覺得自己的工作是一件苦差事，有時候會一心一意想要升遷，當然也有真正熱愛我們的工作的時候。問題是，哪一種心態占主導地位？整體來說，你對你的工作感覺如何？

思考一下你最認同下列哪一項陳述：

- **我主要把我的工作視為一份差事。儘管做起來索然無味，卻不得**

不去做。

- 我主要將我的工作視為一份事業。我盡其所能，只為取得進步和成功。
- 我主要將我的工作視為一種使命。我對我所從事的工作充滿熱情，並且認為這很有意義。

瑞斯尼斯基和杜頓去到不同的工作場所，研究他們的員工，根據上述三種心態將員工分門別類。在一項研究中，他們造訪醫院，與不同角色和職位的員工交談。他們觀察的第一組人員是清潔工，這些人日復一日負責掃地、打掃廁所和換床單。在清潔工中，他們看到一些將自己的工作視為一份差事的人。

他們的心態是這樣的：「我做這些是因為我別無選擇，我需要賺錢才能養家糊口。我巴不得我的輪班趕快結束。」另外有一些清潔工執行的是相同的任務，但是他們將自己的工作視為一份事業。對他們來說，努力工作是為了更上一層樓，以便獲得更高的薪水、晉升到比較資深的職位。此外，那些醫院裡還有一些清潔工同樣負責掃地、打掃廁所以及換床單的工作，但他們把自己的工作視為重要大事的一部分：他們覺得自己對於醫生和護理師的職務以及患者的康復有所貢獻。

研究者發現，認為自己的工作很有意義的第三組清潔工，在行為模式上也有所不同，其實這一點並不會令人感到驚訝。總的來說，他們表現得更慷慨、更樂於助人，也更友善，而且比較有可能和患者談論他們有沒有覺得好一點。當然，即使是這群將工作視為使命的清潔工，也會有覺得工作是一份苦差事，只想趕快回家的時候，或在某些時候把工作當作一份事業，關心升遷與賺更多的錢。但大多數的時間，他們會將工作視為一種使命的召喚。

接下來，瑞斯尼斯基和杜頓去找醫生交談，他們發現也可以按照這三種認知，將醫生進行分組。有些醫生認為工作對他們來說，是件苦差事。對於屬於這一組的醫生來說，就是當一天和尚敲一天鐘。「我已經當醫生二十年，我已經受夠了。」

還有一些醫生會把各種任務，當做成為病房主任或是科部主任的墊腳石。「我什麼時候可以加薪？升遷有沒有我的份？」緊接著看到的則是一群熱情洋溢的醫生，他們以自己的工作為志業：「這是我應該用我的生命投入的事。」

儘管研究人員發現，跟清潔工相比，有使命感的醫生比例比較高，但是仍有一些醫生主要把他們的工作，視為一份差事或是一份事業。瑞斯尼斯基和杜頓以及其他研究人員在針對工程師、學校教師、銀行家和美髮師等其他行業的研究中，也發現同樣的模式。

**事實證明，對於生活主要抱持什麼樣的信念，將會影響我們的整體幸福感，而從長遠來看，也會影響我們用何種心態來執行工作，以及有何收穫。**

我的事業夥伴安格斯．里奇偉（Angus Ridgway）的姊夫是一位心臟科醫生，專長是幫病人植入心律調節器。植入心律調節器之後，每隔幾年他就會幫病人取出，更換電池，然後再放回去。有一天，安格斯和他的姊夫一起共進午餐，他對他的姊夫說：「我終於弄清楚你是靠什麼維生的。」他的姊夫說：「哦，真的嗎？我是靠什麼謀生的呢？」安格斯在各種情況下，總能不失幽默，他回答：「你專門換電池。」

他的姊夫定睛看著他說：「安格斯，你說得對。有的時候我專門換電池，但有時候我專門救人。」區別就在這裡。

我曾經在一個我認為不太可能會讓人有什麼使命感的場合中，見識到一種懷抱使命感的工作心態。幾年前，我和我的妻子找到了我們夢想中的房子，但是當我們意識到要花多少錢的時候，購買這間房子幾乎成為一場噩夢。可是這是一間我們真心喜歡、夢寐以求的住所，所以我們還是決定要買下它。

第二天，我們去銀行申請購屋貸款。當我們見到貸款專員時，我一眼就注意到她的一些特別之處：她開朗得不得了。我們坐下來，她帶著我們瀏覽一大堆令人看了頭皮發麻的Excel試算表，但是每次她在點擊滑鼠游標的時候，都非常輕快愉悅。「這是四．一%的利息！這是三．九%！這是十五年的貸款，這是三十年的貸款！」

最後，我們的貸款終於被核准了。幾個星期之後，我們回到銀行簽約。簽約的過程並不算短，但是在整整的四十分鐘裡，貸款專員還是一樣從頭到尾面帶微笑，整個人爽朗愉悅。文件終於簽完了，我問她：「妳喜歡妳的工作，對吧？」她回答說：「我很喜歡我的工作。」我說：「真的嗎？為什麼？」她回答我：「因為我每天都能幫助人們實現他們的夢想啊。」過了幾秒，她看著我們，笑了笑，然後補充說道：「今天，我也要為你們做同樣的事。」她真的辦到了。至今我和我的妻子仍然感謝她幫助我們實現了我們的夢想。

全世界可能有成千上萬的貸款專員，但是我敢打賭，那些把他們的貸款工作視為一種使命的人，並不占多數；當然也可能只是那些試算表讓我覺得眼花撩亂，而產生了這樣的錯覺。但這樣的人確實存在，而這個事實把我們要問的問題從「是否可能找到使命？」轉變成「**如何**能夠找到使命？」

使命心態不是只有在工作場所適用而已。假設你的家裡有小小孩。晚上六點到了，「從晚餐到睡前」的例行公事就要開始了。讓我們看看以下三個場景。

一、**傍晚六點，你悲情地對自己說，哦，不，不要再來一遍了！但是，你必須要照顧好你的孩子。**這是你的義務。你心不甘情不願地做飯，然後坐下，吃飯。孩子們不太乖，但你還是度過了晚餐這一關，然後開始洗澡的例行公事。水濺得地板到處都是——又多了一件事需要清理。孩子們去刷牙。上了床之後，他們想要聽故事，他們堅持要你讀前一天晚上讀過的同一本書——《小火車做到了》（*The Little Engine That could*）。火車又爬上了同一座山。他們百聽不厭，所以你讀給他們聽。畢竟，這是你的責任，對吧？最後，他們睡著了。**育兒是一件苦差事！**

二、**傍晚六點了，該替孩子們準備晚餐了。**你決定晚餐時最好準備一些蔬菜，拜託孩子們吃掉。畢竟，你希望他們長大後會是健康的成年人。然後你帶領他們完成洗澡和刷牙的程序，確保他們確實搓洗和刷牙；養成良好的衛生習慣很重要。你最近讀到的一項研究顯示，從小唸故事書給孩子聽，他們以後的人生會更成功，因此你一定要為他們唸一本書，即使跟你昨天晚上讀給他們聽的故事，是同一個故事也無妨。你自己都快睡著了，但你還是照做不誤，因為這對他們的未來很重要。**育兒是一份志業！**

三、**傍晚六點**。你和你的家人坐在餐桌旁，孩子們就像往常一樣玩得很開心。而你暫時放下你的叉子，環顧四周，觀察一切。**這實在是一份恩典。能夠和我生命中最重要的人共度時光，看看我的孩子們長得多好。看著他們說話、盡情做自己。**洗澡的時候，孩子們玩得很開心，你們一起開玩笑、玩遊戲、做鬼臉。他們刷牙，然後上床睡覺。在床上，他們又想要聽同樣的故事。當你閱讀這個故事時，你會被孩子們興奮的程度嚇一大跳，因為那就好像他們是第一次聽到這個關於小火車爬上山的故事一樣。當你看到他們眼中的喜悅時，你會感激這些與你共度時光的珍貴小生命。他們去睡覺了。**育兒是一種使命！**

我和我的妻子育有三個孩子。每一個育兒之夜，對我們來說，都是一種使命的召喚，對吧？絕對不是！對於任何父母來說，都不是。我們都有自己的挑戰，孩子們有時候就是會故意踩我們的地雷，有時候，我們只求趕快讓這一天結束，拜託！雖然你不必心心念念、不眠不休追求育兒的奇蹟，但你是否能夠多一點餘裕，去體驗這種精神上的幸福？你能夠每天多撥出一些時間，就算只是幾分鐘，讓自己暫停一下，專注於有意義的事情上，並且和它產生連結嗎？

無論你肩負著什麼責任，無論是在家裡還是在職場上，你都可以充分掌握自己對於這些職責的認知。設法在你從事的活動中尋找意義，這樣對於你如何度過一天、一個星期甚至是整個人生，都會產生很大的影響。借用瑞斯尼斯基和杜頓的話來說：「即使是在最受限制、最一成不變的工作中，員工也可以對他們的工作本質，產生一些影響。」[18]

現在將「一成不變的工作」替換成「一成不變的生活」。對於此刻正經歷COVID-19的我們來說，用這句話來描述我們的存在狀況，再貼切不過。

我們早上醒來，打開咖啡機，回覆電子郵件，登錄進入視訊會議室。我們幾乎不出門購物、晚上不會隨便外出，當然也不去旅行。日子過到不知今夕是何夕，每天都一成不變。

然而，儘管現在的生活模式經常會伴隨著社會孤立、不確定和焦慮的感覺，我們仍然可以設法讓自己在更多的時候，感受到使命感的存在。對於我們生活的本質，我們可以發揮一些影響力。但是要怎麼做呢？我們可以找出日常活動的重要性與意義。

18 出處同上。

再強調一次，我們在此不是要討論更廣泛的人生意義，那是要另外找時間討論的主題。我們要討論的是，**你如何透過一個簡單的改變，來和生活中的意義產生連結**。對你來說，那個改變會是什麼呢？

## 召喚的意義

試試看這項練習：選擇一項例行任務，並寫下你為了完成這件事而採取的行動，就像「工作說明」。對我來說，我所選擇的例行任務可能是為我的課堂做準備。我會坐在電腦前，讀一些東西，然後替上課內容寫一份提綱。在反覆看過幾次重點筆記後，替我的學生講課。下課後，我會分析課程進行的情況。然後，試著替同樣的例行任務重新構建一份「使命說明」——重點放在每一個步驟的重要性。或許你會質疑為什麼要這麼做？如果你覺得卡住了，你可以想像自己必須完成下面的句子，透過這樣的方式來進行反思：

「這對我來說很重要，因為＿＿＿＿＿＿＿＿。」

「我對於＿＿＿＿＿＿很熱衷。」

「我透過＿＿＿＿＿＿＿來幫助別人。」

我從這些問題的角度，反思我是如何為課堂做準備的。以下是我的反思內容：

整個過程的一開始，是先讓我自己沉浸在世界上最偉大的思想家引人入勝的觀點中。然後我把這些素材整合成條理分明的大綱，這麼做可以幫助我對於內容有更好的理解，也可以幫助我更了解自己。接下來，我就可以跟其他人分享我非常關心的事，也就是幫助他們變得更快樂。上完課之後，我回過頭來問自己，我從課堂上被問到的問題中，學到了什麼？我的觀點是建立在什麼之上？身為一個老師，我如何才能繼續成長，進而幫助人們的生活改觀？

當你陷入工作的低潮，或是接二連三遇到障礙時，這項練習對於重新定位自己特別有幫助。早在十九世紀，弗里德里希．尼采就寫道：「知道人生所為何來的人，將有能力承受任何生命之重。」當我們在自己所做的事情上，找到意義與目的時，就算前方的路需要披荊斬棘，也會顯得不那麼窒礙難行。很多時候，你是否能找到意義，展現的正是脆弱與反脆弱的差別：也可以說是「崩潰 vs. 變得更強大」，「絕望 vs. 樂觀」的差別。

華頓商學院的心理學教授亞當．格蘭特（Adam Grant）針對電話推銷員進行了一項研究，他們的工作是替一所大學募款。「你好，我是來自你母校的約翰，請問你能捐錢嗎？」你認為這些募款人員最常聽到的回覆是什麼？毫無意外地，答案通常是：「不行」。如果他們幸運的話，聽到的答覆會是：「不了，謝謝，我已經捐過錢了。」但通常的情況下，聽到的會是：「不要再撥這個電話號碼了！」或是更強烈的措辭：「少來煩我！」他們每天要重複這種令人沮喪的對話數十次。

格蘭特把這些大學募款人員隨機分成兩組。對於第一組的安排一切照舊：他們整天都在打電話。但他把第二組人員從工作中拉出來，休息十五分鐘——就只是這樣而已。在那十五分鐘的休息時間裡，格蘭特讓他們跟這所大學中接受助學金援助的學生們交談，這些學生正是募款活動的受益者之一。

如果沒有經濟援助，許多學生就沒有辦法上大學。那些學生對募款人員說：「感謝你們所做的一切。」在這十五分鐘裡，學生們充分地表達他們的感激之情：他們談論自己在大學裡度過了多麼美好的時光，能夠進到這所大學是多麼地榮幸，還有他們對於為他們募到的教育基金有多麼感激。之後，募款人員再回去打電話。

這項簡單的干預帶來什麼結果？格蘭特發現，募款人員覺得他們的工作更有意義。他們變得精神奕奕，也更加投入。神奇的是，他們的募款成功率也更高：與對照組相比，他們募到的資金高了二五〇％到四〇〇％，這樣的差別僅僅是因為他們被提醒自己的工作是多麼的重要。

達到這樣的效果只需要認知上的一個小小轉變。

現在，請你花一、兩分鐘的時間，後退一步，認清你所做的事情的真正價值與用意。無論你所做的事是在協助孩子做作業、自己一個人洗碗、和伴侶一起檢視帳單內容、照顧年老的父母、與客戶談交易，還是在工作上推動一項艱鉅的任務。不需要花太久的時間，你只需要幾分鐘的覺察——就可以讓一切改觀。

## 保持正念

我們也可以透過正念冥想來體驗靈性——我們可以練習在當下保持覺察，不受干擾。正念是當下的覺知，理想情況是不帶任何評判。可以是對呼吸、另一種身體感覺、物體、活動或其他任何事物的覺知。

以正念冥想為中心的文化傳統和著作，可以追溯到幾千年前。像是《西藏生死書》、印度思想家巴坦加里（Patanjali）的經典瑜珈經、來自中國的道德經，以及亞歷山大的裴洛（Philo of Alexandria）的精神練習等等，以上只列舉幾個例子。在上述的這些傳統以及許多其他傳統中，對於全神貫注於當下的重要性，都有很多的討論。今天，我們有證據可以證明這些傳統的追隨者早就已經知道：**保持正念有益於幸福的提升**。

我們經歷的大部分黑暗時刻，都是因為我們無法專注於當下的結果。我們愈能專注於當下，我們經歷的開悟時刻就愈多。越南的佛教僧侶一行禪師說：「如果我們活在過去，就是替憂鬱打開大門；活在未來則是迎向焦慮；只有活在當下，我們才能開悟。」[19]那些經常練習正念冥想的人表示，他們感覺更平靜、更滿足。此外，神經科學證據顯示，冥想對於大腦本身的結構會造成顯著的影響。

直到二十世紀下半葉，大多數的心理學家和神經學家還是認為大腦在本質上是固定的，它的神經組成和結構是由基因和兒童早期經歷所預

---

19 史瑞奇斯，C.（Sreechinth, C.），（2018年），《一行禪師慧語錄》（*Thich Nhat Hanh Quotes*），UB Tech。

先決定的。但是到了近代，在現代科技的協助下，關於神經可塑性和神經生成的突破性研究清楚證實，我們的大腦不但可以，而且確實會產生變化。[20]

事實上，我們的大腦在我們一生中不斷變化，從我們出生的那一刻起，直到我們死亡的那一天為止。根據研究顯示，若要型塑我們的大腦、改變我們的神經迴路以促進整體幸福，最有效的方法之一，就是正念冥想。[21]拜腦電圖（EEG）、功能性核磁共振造影（fMRI）以及其他掃描技術之賜，我們知道一個投入的冥想者（指的是常態性、密集進行冥想的人）的大腦，看起來與非冥想者的大腦完全不同。他們的大腦是更快樂的大腦。

關於正念冥想的重要性有很多研究。麻塞諸塞州立大學醫學中心減壓門診（Stress Reduction Clinic at the University of Massachusetts Medical Center）的創始人喬·卡巴金（Jon Kabat-Zinn）和威斯康辛州立大學麥迪遜分校健康心理中心（Center for Healthy Minds at the university of

Wisconsin- Madison）主任理查・戴維森（Richard Davidson）共同完成的一項研究，列出了正念冥想的基本益處。[22]

卡巴金和戴維森邀請人們參加為期八週的干預研究，名為以正念冥想為基礎的壓力減輕計劃。這項計劃包括每週三小時的冥想課程，並有自修作業，每天要自己進行冥想四十五分鐘。在八週結束時，研究人員將完成課程的人以及有興趣學習冥想但尚未開始課程的潛在學生的情緒進行比較。在針對兩組進行比較之後，他們發現，參加過為期八週的冥想課程的學生的情緒比較正面、比較不焦慮，而且社交性和外向性都比較強。這項課程對於快樂的影響真實不虛。

---

20 戴維森，R.J.（Davidson, R.J.）和哈靈頓，A.（Harrington, A.），（2001年），《慈悲的願景：西方科學家和藏傳佛教徒審視人性》（*Visions of Compassion: Western Scientists and Tibetan Buddhists Examine Human Nature*），牛津大學出版社（Oxford University Press）。

21 出處同上。

22 卡巴金，J.（Kabat-Zinn, J.），（2013年），《正念療癒力：八週找回平靜、自信與智慧的自己》（*Full Catastrophe Living: Using the Wisdom of Your Body and Mind to Face Stress, Pain, and Illness*），班騰圖書公司（Bantam Books）。

研究結果不是只有根據學生的自述。研究人員同時採用生理檢測的方法，而且他們看到的結果非常顯著。他們特別測量了大腦前額葉皮質（prefrontal cortex）的神經活化狀況，前額葉皮質是大腦負責掌管複雜的情緒、認知和行為功能的部位。

左側神經比較活化的人，往往比較快樂，而右側神經比較活化的人，則往往比較沮喪。左腦比例大於右腦的人，對於愉悅情緒的感受力較敏感、對於痛苦情緒的復原力，以及保持冷靜的能力也都比較高，顯示兩者息息相關。

研究人員發現，從為期八週的計劃結果來看，參與者的大腦發生了顯著的變化：前額葉皮質的左側相對於右側變得更加活躍。雖然他們的大腦不像那些經年累月進行冥想的人那樣「正面」，但是在短短的兩個月內，就已經發生了重大的變化。他們確實變得更快樂了，大腦的影像也清楚呈現他們的進步。

研究還包括另一個部分，就是由研究人員替參與者以及對照組注射感冒細菌（cold bacteria），並且測量他們的免疫反應。令人驚訝的是，那些參加過冥想計劃的人，體內產生的細菌抗體比較多。換句話說，他們的免疫系統被強化了，無論是在身體上還是心理上，他們都變得更有復原韌性。在為期僅僅八週的正念冥想練習中，他們就變得更健康、更快樂。

## 什麼是冥想？

「gom」這個詞在圖博語中是冥想的意思，它的字面意義是「熟悉」。所以冥想的意思，就是要熟悉某件事物。我們可以對我們的呼吸進行冥想，觀察它並了解它；我們可以藉由保持某種瑜伽姿勢，來了解身體的感覺；我們還可以冥想情緒的本質，探索我們的感受——無論是什麼樣的感受。[23]

---

23 釋一行（Hanh, T.N.），M. Ho翻譯，（1999年），《正念的奇蹟：冥想練習導論》（*The Miracle of Mindfulness: An Introduction to the Practice of Meditation*），畢肯出版社（Beacon Press）。

我們的精力經常因為一些事物而耗損，像是爭奪我們注意力的諸多任務和義務、對未來揮之不去的擔憂，還有扯著我們袖子的那些「該做的事」。佛教徒把散漫的心稱為「猴心」（monkey mind），指的是心思不定，就像是在藤蔓之間擺來盪去，東跳西跳，連一秒都不得閒的猴子。冥想的目的是讓猴心休息，不要一直跳來跳去，因為只有當我們讓猴心好好地靜下來，我們才比較有可能看得清楚——才能熟悉我們正在觀察的任何事物。

有一則非洲寓言，講的是一隻河馬在過河時，牠掉了一隻眼睛，於是牠開始瘋狂地尋找這隻眼睛。牠看了看牠的後面、前面、兩側、下方，但都一無所獲。在河岸邊的河鳥和其他動物建議河馬暫緩一下，讓自己休息和恢復，但牠拒絕了，因為牠唯恐再也找不到自己的眼睛。

於是牠繼續拚命地尋找，卻徒勞無功，最後累到不得不稍做停歇。當牠一動也不動，安定下來時，河水也平和了下來。牠攪起的泥沙沉到了水底，水變得平靜而透明。就在那裡，在河底，牠看到了自己的那隻眼睛。

同樣的道理，我們為了清楚看到一個物體並熟悉它——無論對象是我們的思想、一個詞彙還是一種情緒——我們都需要停下來，休息一下，讓渾濁的水在物體浮現之前，先沉澱下來。

冥想練習有四個主要指導方針。雖然不見得每一個冥想實踐者或是學者都會同意我的看法，但我發現這些方針是最常見也是最重要的。[24]四大方針如下：

一、**讓你的心停留在單一對象上**。專注於一樣東西，可能是你的呼吸、你的姿勢、一種感覺、一種聲音、一個物體，或是任何內在或外在的東西。

二、**回歸專注**。正念冥想的關鍵不是一直保持專注，而是回歸專注。換

---

24 理查，M.（Ricard, M.），（2010年），《冥想的藝術》（Art of Meditation），大西洋圖書公司（Atlantic Books）。

句話說，重要的不是持續不間斷、不受干擾地集中注意力，而是在你的心遊走時，把你的心抓回來，重新集中注意力。

三、**緩慢、和順地深呼吸**。最有益身心、最健康的呼吸就是所謂的腹式呼吸。我們吸氣，讓空氣充滿我們的肺部，直到我們看到腹部鼓起，接著吐氣，直到腹部凹下。

四、**接受冥想沒有好壞之分**。意思就是暫停任何評斷，如實接受經驗的原貌。評斷冥想練習或是評斷我們自己是好是壞，與正念冥想的精神背道而馳。例如，毋須在意我們是否有九八％的時間都保持專注，或者我們的思緒是否經常飄忽不定，這些都無關緊要。也不用在意我們是否因為冥想練習而感覺更好，或是更糟，或者是否完全沒有帶來任何差別，這些也統統沒關係。

如果你想要獲得冥想的諸多好處，關鍵就在於重複練習。加州大學洛杉磯分校的精神醫學教授丹尼爾．席格（Daniel Siegel）寫道：「就像我們會透過刷牙來執行日常牙齒保健，正念冥想也是一種維持大腦衛生的方式——清理並加強大腦的突觸連結。」[25]就像你會用刷牙來開啟和結束一天，你也可以透過冥想來開啟或是結束你的一天。

每天只要進行短短的三到五分鐘的冥想練習，堅持不懈，對你的整體健康就可以產生正面的影響，而如果你可以做到每天練習二十到三十分鐘，這樣當然更好。我們可以把短暫的冥想類比為快速的沖澡，而較長時間的冥想則可以比擬為舒服的泡澡沐浴，兩者都有清潔的效果。

---

25 格思理，C.（Guthrie, C.），（2008年），〈透過冥想來思考問題〉（Mind Over Matters Through Meditation），《歐普拉雜誌》（0, The Oprah Magazine）。

## 簡易冥想法

如果你想體驗一下簡短的冥想，你可以由此著手。

到一個你可以自己一個人獨處的安靜之處。找到你覺得舒服的姿勢。你可以坐下或是仰躺，只要你覺得舒服就好。練習的時候，你可以閉上眼睛或是睜開眼睛，都沒有關係。

當你找到適合你的舒服姿勢，請將你的脊椎從尾椎一直到你的脖子，整個拉直。請保持你的脊椎挺直，但是不要繃得緊緊的。如果可以的話，請從你的鼻子吸氣和呼氣。如果沒有辦法的話，用你的嘴巴呼吸，也不會有任何問題。

現在請把你的注意力停留在呼吸上：透過鼻子或嘴巴吸氣，讓空氣充滿腹部，然後透過嘴巴或鼻子呼氣，讓空氣離開腹部。接下來繼續緩慢而深沉地吸氣，然後緩慢而和順地呼氣。你的腹部隨著每次吸氣而鼓起，並隨著每次呼氣而凹下。

就像呼吸是自然發生的，思緒遊走也是很自然的事。當思緒飄走了，只要溫柔地把它拉回呼吸上，專注於空氣的吸進與呼出，就可以了。你沒有要做任何事，也沒有要去任何地方。只要和你的呼吸同在，全神貫注於當下。如果你的注意力開始偏離，請你用接納的態度，輕輕地把它帶回你的腹部，專注於腹部的鼓起與凹下。只要你願意，你就可以繼續進行下去；如果你準備好要結束這一個回合的練習，只要輕輕地睜開眼睛，就可以了。

以上只是一種簡單的冥想體驗。網路上有成千上萬的冥想指引，我鼓勵你去嘗試不同的冥想練習。你一定可以找到一些和你連結對應的東西，而這些東西又進一步讓你和當下產生連結。

## 正念冥想

讓我們重新回顧一下喬・卡巴金和理查・戴維森的研究。在為期八週的冥想計劃結束時，研究人員詢問參與者，在沒有課程進行的期間，實際花了多少時間進行冥想。還記得嗎，參與者有自修作業，他們被要求結束課程後每天要自行安排時間冥想四十五分鐘。

不出所料，研究人員發現，並不是每個人都完成回家作業。有些學生每天老老實實冥想四十五分鐘，但也有學生每天只花二十分鐘冥想，甚至有人每週只進行兩次冥想。令人驚喜的是，結果並沒有差別！那些每週只進行兩次冥想的人，與那些八週內每天都進行冥想的人一樣，都同樣體驗到所有心理和生理上的好處。

為什麼參與者即使不做回家功課、沒有冥想也可以獲得好處？答案很可能在於參與者被提醒要保持正念，亦即無論他們是否停下來進行冥想，都要時時保持專注。我們現在就可以隨時隨地保持正念——專注在我們讀到的文字或是呼吸上，或者在當你參加會議或洗衣服時，好好專注於當下。

用《當下的力量》（*The Now Effect*）一書的作者伊立夏．戈德斯坦（Elisha Goldstein）博士的話來說：「保持正念基本上就是保持覺察，你可以用非正式和正式的方式來練習……當你用非正式的方式練習時，就意味著你只是嘗試對你所做的每一件事，都保持更加覺察——而這種心理狀態幾乎可以灌注到任何事情上。然而保持正念的正式練習，則是進行正念冥想。」[26]

這樣一來，無論我們如何進行冥想練習，正念的好處都會出現——無論我們是正式練習，靜坐某段時間，專注於呼吸的一進一出；還是非正式練習，在從事任何活動時專注於當下，並且在思緒飄忽不定時，提醒自己回到當下。為期八週的計劃參與者每週都會被提醒專注當下的重

26 戈德斯坦，E.（Goldstein, E.），（2013 年），《當下的力量》（The Now Effect），奧崔爾圖書出版（Atria Books）。

要性，因此他們會更常保持專注，無論他們是每天正式進行四十五分鐘的正念冥想，還是在從事其他日常活動時，進行非正式地冥想。

透過保持正念，我們可以化庸俗為神聖，化平凡為非凡——進而增進我們的精神幸福。無論我們是正在冒著生命危險去爭取自由，或者在和朋友共進晚餐、在寺廟祈禱，或在工作中創建Excel表單，我們都可以邊做邊保持正念。用一行禪師的話來說：「在任何時候，你都可以有所選擇，要麼更靠近你的靈魂，要麼遠離靈魂。」[27]

## 保持覺察

在我看來，有關正念的文獻給予我最重要的教導就是，令人崇尚的精神生活不需外求，只要掌握當下即是。**與其尋找遙遠而虛無縹緲的「從此幸福快樂」，不如在起起伏伏的人生旅途中，把握有益身心的時刻。**這些時刻非常有價值——首先，因為它們本身就是令人愉悅的，其次，這些愉悅時刻的體驗讓我們儲備好能量，藉以在人生遭逢不幸際遇時得以安度。

你可以透過以下的方式，正式享受當下的覺察：像是閉上眼睛，專注於呼吸的一進一出，或是以瑜伽姿勢（體式）站立，專注於你的身體的感覺。

你也可以在白天的任何活動中，體驗當下的覺察，還有它所帶來的好處：無論你是在吃飯、做家事、摺衣服、散步、寫電子郵件，還是在和你的狗玩耍，你都可以在做這些事的時候，練習專注於當下。

借用美國作家亨利．米勒（Henry Miller）的話來：「當一個人全神貫注於任何事物的那一刻，哪怕只是專注於一枝草，當下即成一個神祕、令人讚嘆、難以形容的放大世界。」[28]

---

27 史瑞奇斯，C.（Sreechinth, C.），（2018年），《一行禪師慧語錄》（Thich Nhat Hanh Quotes），UB Tech。

28 米勒，H.（Miller, H.），（1994年），《神經叢：在玫瑰色十字架上受刑（二）》（Plexus: The Rosy Crucifixion II），格魯夫出版社（Grove Press）。

米勒所描述的正是我們如何透過正念，為世界以及我們的生活注入精神。有關如何將更多的正念練習融入日常生活當中，進而提升我們的精神幸福，以下有一些建議。

## 聆聽

我們在與人談話時，常常會有一種直覺，就是覺得我們的思緒可以自動切換到我們想要談論的內容上，原因可能是基於，我們認為自己知道對方要說什麼，或是我們認為，自己知道對方需要聽到什麼，還有就是我們太容易心不在焉了。我們會讓思緒跑到其他事情上，好比讓注意力從待辦事項清單上的這個項目中，跑到下一個項目上。當我們跟朋友講電話互通訊息時，我們可能同時漫不經心地瀏覽一篇文章，或是滑滑社群軟體。但重點是，我們有多久未曾真正停下手頭的事情，好好地聆聽？我們是否能讓自己專心聆聽？我們是否抱持開放的態度聽別人說話，而且認真思考別人說的話？

許多研究指出，光是單純的聆聽就可以帶來許多好處，不管是對於聆聽者，或是被聆聽者，都是如此。[29]從聆聽者的角度來看，他們可以透過專注聆聽，而享受到非正式正念練習的好處。

從被聆聽者的角度來看，從小有被好好傾聽的孩子，長大後會成為比較正向、有自信的成年人。職場上，遇到上司願意好好聆聽的員工，比較不會離開公司，而且也更有可能在工作中全力以赴。能夠互相傾聽的伴侶，他們的關係會更健康，也更有可能一直攜手走下去。

事實上，建立任何深厚關係的基礎，正是傾聽——無論是你和孩子、伴侶、最好的朋友、父母或同事之間的關係，都是如此。[30]

---

29 伊茲奇考夫，G.（Itzchakov, G.）和克勞格，A. N.（Kluger, A. N.）（2018年），〈傾聽對於幫助人們改變所發揮的力量〉（The Power of Listening in Helping People Change），《哈佛商業評論》（*Harvard Business Review*）。

30 鮑斯奇拉－洋，O.（Bouskila-Yam, O.）和克勞格，A. N.（Kluger, A. N.），（2011年），〈以強項為本的績效評估與目標設定〉（Strength-Based Performance Appraisal and Goal Setting），《人力資源管理評論》（*Human Resource Management Review*）。

好好傾聽自己的聲音，對於健康也同樣重要。你可以藉由寫日記、向內探索、有意識地探究自己的想法、全心全意投入自己的所思所想等方式，來聆聽自己的聲音。你只要書寫和感受就好，不須加以評斷或批評，這樣你一方面會感到自由自在，同時也可以幫助你和自己還有世界保持連結。[31]

## 打破科技連結

在現代生活瘋狂忙碌的節奏中，我們愈來愈需要同時多工，因而使得一心多用成為生活常態，而專注變得遙不可及。如果我們想要在這樣的趨勢中展開逆襲，有一個簡單的方法可行，就是暫時遠離我們的手機和筆記型電腦。

電子郵件通知、電話鈴響、閃爍的螢幕或是背景噪音等生活中不定時出現的刺激，一直在干擾我們，使我們難以專注於當下，並逐漸失去集中注意力的能力。你可以把你的手機調為靜音，在一天當中保留一個「無科技干擾」的時段，或是在家中保留一個無科技角落，以及避免一心多用，這些都是讓自己進行正念練習的好方法。

## 用心品嚐

吃東西是另一項稀鬆平常的活動，我們可以藉此體驗正念的好處。幾年前，我參加了一場正念工作坊，其中的一項練習是吃葡萄乾。你也可以在家裡輕鬆做這項練習。我說的可不是把葡萄乾塞進嘴裡，然後一秒吞下去，而是真正地吃一粒葡萄乾。

首先，請你拿起一粒葡萄乾，仔細端詳。注意它的質地和顏色，葡

31 潘尼貝克，J. W.（Pennebaker, J. W.），（1997年），《打開心扉：情緒表達的療癒之力》（*Opening Up: The Healing Power of Expressing Emotions*），吉爾福德出版社（The Guilford Press）。

萄乾可不是單純咖啡色的；它會呈現不同的顏色——紫色、橙色、黑色——取決於光線照射到它的位置。然後聞一聞這一粒葡萄乾。熟悉它特有的甜味。現在你可以把葡萄乾放進嘴裡，但請不要咀嚼。先用舌頭滾動這粒葡萄乾，感受一下。然後，咬一口，一口就好。你注意到什麼？

我們必須專注於當下，才能觀察從一粒葡萄乾迸出的所有不同的味道。你可能需要花十五分鐘，或是更久的時間，來吃一粒葡萄乾！請注意，我並不建議你每次咬一口東西，都進行這整套的練習。

但我要建議你這個星期可以嘗試個幾次，除此之外，平常就可以讓自己有餘裕，好好地品嚐食物。也許你可以把它變成一種每天進行十分鐘的儀式，就算每週只進行一次也無妨，在這個儀式中，用你所有的感官來體驗食物或是一頓飯。讓自己真正專注於讓這道食物別具風味、令人驚嘆的質地、香氣和味道。

# 領受存在於當下的禮物

一九九九年，正向心理學領域的大師米哈里・契克森米哈伊（Mihaly Csikszentmihalyi）提出了一個簡單的問題：「如果我們這麼有錢，為什麼我們不快樂？」[32]契克森米哈伊意有所指的是，研究證實，雖然我們這一代人比上一代更富有，但是我們並沒有因為經濟的改善而變得更快樂。

事實上，**在物質繁榮的水準提高的同時，憂鬱和焦慮的程度也在上升**。這種令人感到遺憾的現象在整個SPIRE頻譜中蔓延，而造成這種現象的導因不只一個——從人們有更多的時間坐著而不四處走動，到虛擬關係增加而真實的聯繫減少等，都是肇因。

32 契克森米哈伊，M.（Csikszentmibalyi, M.），（1999年），〈如果我們如此富有，為什麼我們不快樂?〉（If We Are So Rich, Why Aren't We Happy?），《美國心理學家》（*American Psychologist*），第54卷，第10期，頁821-827。

其中造成兒童和成人心理健康水準下降的主要原因之一，就是無法專注於當下的情況愈來愈嚴重。這種分心之毒其實是有解藥的，我們可以誓言和我們當下的內在或是眼前的一切同在。

心理治療師塔拉・班奈特・高曼（Tara Bennett-Goleman）在她精彩的《煉心術》（*Emotional Alchemy*）一書中，為契克森米哈伊提出的問題提供了一個鏗鏘有力的答案。這段話解釋了為什麼我們的物質財富不斷增長，卻沒有轉化為幸福水準的提升，以及我們可以做些什麼來改變這樣的局面：

最豐盛的饗宴、最奇幻的旅行、最風趣迷人的情人、最棒的家——如果我們無法真正全神貫注投入其中，那麼這一切的經歷似乎都有些一文不值、虛有其表——如果我們滿腦子都被令人厭煩的想法佔據，人在心不在的話。同樣的道理，最簡單的生活樂趣——吃一塊新鮮出爐的麵包、觀看一件藝術品，與愛人共度時光——如果我們能夠全神貫注於其中，就會變得饒富意義。我們要補救內心的不滿足，要向內求，因為解藥存在我們的心中，而不是去尋求新的、不同的外部來源來滿足需求。[33]

班奈特．高曼指出了一件事：我們其實擁有無數練習正念的機會，以及在我們所做的每一件事情中，都能找到精神上的幸福，祕訣僅僅在於全心全意與用心體驗。然而，大多數時候，大多數的人都沒有全心投入，因此錯過了與精神幸福相遇的機會。

幸運的是，尋找更多意義的機會無處不在。據說阿爾伯特．愛因斯坦曾經說過：「你只有兩種方式可以過你的人生。一種是把它過得好像沒有什麼奇蹟可言；另一種則是活得似乎處處充滿奇蹟。」當你全心全意投入生活時，無論你是在瑜伽墊上、獨自外出散步還是與朋友聊天，

---

33 班奈特－高曼，T.（Bennett-Goleman, T.），（2002年）《煉心術：用智慧的專注，解脫八萬四千情緒慣性》（*Emotional Alchemy: How the Mind Can Heal the Heart*），Harmony Books。

每一件事都可以成為一種奇蹟，一種精神上的體驗。

我們都曾經在某個時刻，體驗到日常生活裡的一些奇蹟。回想一下你的眼界能夠看穿平凡進入超凡，不顧一切困難如實地體驗生活的時刻。也許是在書中讀到一段動人的段落，而深受感觸，或者聽到一段優美的音樂而為之動容。

也許你在穿過公園時，感受到風輕拂過你的肌膚，或者在工作上終於完成一項深具挑戰的計劃，而內心悸動，你在這些時刻經歷到超凡入聖的體驗。你也可能在看著嬰兒學走路的時候，或是看到秋分的滿月在天空升起，而在心中泛起這樣的感覺。

所有這些體驗的共同點，就是心在當下，而不是心不在焉。你全神貫注於活動中，全心全意投入，活在當下。

用present這個英文字來代表「當下」（this moment）絕非巧合：當下這一刻，就像任何一個時刻，都有可能成為一份禮物。

SPIRE檢核

## 精神上的幸福

請把焦點放在精神幸福上，完成SPIRE檢核的三個步驟：**打分數、說明和對症下藥**。首先請你思考以下的問題：

- 在工作上，你有感受到工作的意義與目的嗎？
- 在家裡，你有體驗到意義與目的嗎？
- 你有活在當下嗎？你能保持專注嗎？

根據你的反思，確認你所感受到的精神層面的幸福感達到什麼程度，然後幫自己打分數。請你從一到十給分，一分代表幸福感很低，或是很少體驗到幸福的感覺，而十分則代表很幸福，或是常常感受到幸福。

分數打好之後，請你用書面形式說明你為自己打這個分數的原因。接著，請你對症下藥，替自己開立處方箋，一開始只需設定讓你的分數增加一分就好。這要怎麼做呢？

舉例來說，像是寫下一份「使命說明」；或是每天暫停兩次手邊的事情，讓自己和你的人生目的產生連結；開始啟動每天五分鐘的正念練習；或者承諾自己一天當中設定一到兩個小時的時間，在這段時間裡，一次只做一件事。請你每週確認一次自己的狀態。

第二章

# Physical 身體上的幸福

## 問題不在於壓力，在於身體缺乏修復的機會

我們忽略了一個事實，就是讓自己休養生息也很重要。適當的休息不但幫助我們更快樂，也會更有生產力及創造力。

有時，你的喜悅是你微笑的源泉；
但有時，你的微笑也可以成為你喜悅的源泉。

——一行禪師

無論你現在所經歷的是什麼樣的情況，快樂研究都和你切身相關。快樂研究固然在承平時期對我們很有用，然而對於幫助我們度過難關時的效用也是毫不遜色。快樂研究能夠強化我們的復原韌性，幫助我們生出反脆弱的力量；換句話說，當我們面臨挑戰的時候，它可以增強我們的力量。

我在二〇二〇年寫這本書時，正逢新冠病毒大流行而導致全球性停擺，我們所有人都經歷了極具挑戰的一年，大家都用自己不同的方式來回應衝擊。例如，我認識一些人在剛開始的時候，確實適應得很好——起先他們認為，與社會保持距離、待在家裡，是一個讓快速運轉的生活切換到低檔的好方法，他們可以有更多的時間和親愛的家人在一起，而且對於自己所擁有的一切，也更常心存感激，而不是視作理所當然。

一開始他們適應得挺不錯，但無一例外，到了某個時候，他們每個人無論是在心情上或是整體的幸福感，都開始下滑。因為他們突然驚覺，這可不是在度假，而是一種新的生活常態，這讓他們感到很洩氣。還有一些人在一開始的時候非常焦慮，覺得生活充滿了不確定性，後來則是逐漸適應他們所面臨的現實，並且開始覺得一切都好多了。

還有一些人，這可能包括大多數的人，一直在經歷心情和生活的起起伏伏。他們有時候覺得日子充滿希望，有時候覺得日子黯淡無光；他們歷經平靜的時期，同時也歷經狂亂。但是大多數人有一個共同點，就是認為這是一種前所未有、不知所措，而且充滿壓力的感覺。

但是我們仍然有樂觀的理由：我們可以透過一些簡單的步驟，來改善身體健康，進而大幅提升我們的復原韌性以及幸福感。本章將特別注重身心合一，以及心理學和生理學如何在一個相互關聯的系統中相生相息。我們要特別探討這個系統獨有的一項特徵，那就是強韌的身體如何衍生出強韌的心理，以及當壓力得到正確的理解和處理時，如何有益於我們的健康，而不是有損健康。

## 身心合一

如果我們想讓身體健康發揮潛在的影響力，第一步就是體認身心之間不可分割的關聯。然而，有一種廣為人知的信念阻礙了我們對此的認識，那就是所謂的身心二元論，亦即心靈和身體是不同的實體。[34]

為什麼這種二分法是有問題的？麻省理工學院系統科學家彼得・聖吉（Peter Senge）曾經寫過：「把一頭大象切成兩半，並不會變出兩頭小象。」他解釋說：「生命系統具有完整性……它們的特性取決於整體。」[35]同樣的道理，如果把一個人一分為二——分為心智和身體，並不會產生兩個小人類或是兩個有生命力的實體，可以加以培養與滋長。這是人為的分離。如果我們想要發動改變，我們需要從全人的角度來看。請記住，快樂就是全人的幸福。

我們可以從許多方面，看到身心互為一體的證據。例如，你的思想和情緒會影響你的身體——從身體姿態到身體表現都會受到影響，而你的動作也會反過來影響你的心態。有關「臉部回饋假說」的研究結果明白指出這種關聯性：當我們微笑或皺眉，臉部呈現出和善或是憤怒的表情，我們就會產生跟我們的臉部表情相對應的情緒。[36]當受試者模仿憤

---

34 達馬西奧，A.（Damasio, A.）（2006 年），《笛卡爾的錯誤：情感、理性與人類大腦》（*Descartes' Error: Emotion, Reason, and the Human Brain*），溫特奇圖書出版公司（Vintage Books）。

35 聖吉，P.M.（Senge, P.M.），（2006 年），《第五項修練：學習型組織的藝術與實踐》（*The Fifth Discipline: The Art and Practice of the Learning Organization*），雙日出版社（Doubleday）。

36 扎喬尼克，R. B.（Zajonc, R. B.）、墨菲，S. T.（Murphy, S. T.）和英格爾哈特，M.（Inglehart, M.），（1989 年），〈感覺和臉部表情傳輸：情緒脈管連通理論的含義〉（*Feeling and Facial Efference: Implications of the Vascular Theory of Emotion*），《心理學評論》（*Psychological Review*）。

怒的人的臉部表情時，他們的心跳速度和皮膚的溫度都會升高，並開始產生憤怒的想法。

其實，不是只有我們的臉，而是我們的整個身體動作都可以改變我們的情緒。佛羅里達大西洋大學的心理學家莎拉．斯諾得格雷斯（Sara Snodgrass）在一項研究中，要求一組參與者以某種特殊的方式，步行三分鐘：昂首、闊步、擺動手臂。這種行走方式是自信、樂觀情緒的外在表現。

緊接著她讓第二組參與者拖著腳走路、走小碎步，還有低頭往下看。這種行走方式和心事重重、沮喪的情緒是有關聯的。

結果如何呢？第一組參與者在進行三分鐘的「快樂」散步之後，心情變得更加輕鬆愉快。這個實驗還有許多其他研究的結果有助於解釋為什麼我們在跳舞或跑步之後，通常感覺會很好，或者至少感覺比較好一點。除了我們將在本章後面討論的運動生理影響之外，我們在跳舞或跑步時的姿勢，對於我們的情緒狀態也是有益的。[37]

還有另一個實驗，大大驗證了身心之間的關聯。[38]克利夫蘭門診中心（Cleveland Clinic）的科學家把參與者分成四組，讓他們每天鍛鍊十五分鐘，每週五天，持續進行十二週。

第一組收到的指令是針對他們的小指進行「心理收縮」（mental contractions），亦即他們必須在不動手指的情況下，想像自己在鍛鍊他們的手指。第二組是要用他們的想像力來鍛鍊他們的二頭肌，想像自己正在彎曲他們的肘部。

第三組則是實際鍛鍊他們的手指，用身體的物理性抵抗力來收縮。

第四組是對照組，什麼都不做。結果如何呢？

首先，第四組對照組沒有變得更強壯，這一點也不奇怪。實際鍛鍊

---

37 韋斯曼，R.（Wiseman, R.），（2013年），《彷彿原則：改變我們生活的激進新方法》（*The As If Principle: The Radical New Approach to Changing our Life*），自由出版社（Free Press）。

38 藍格納森，V. K.等人（Ranganathan, V. K. et al.），（2003年），〈從精神力量到肌肉力量──透過心智運用獲得力量〉（*From Mental Power to Muscle Power- Gaining Strength by Using the Mind*），《神經心理學期刊》（*NeuroPsychologia*）。

手指頭的第三組的手指力量增強了五三％，這也是可以預見的。但令人驚訝的是，只進行腦力鍛鍊的第一組，手指力量增強了三五％。他們連一根手指頭都沒動！至於想像自己在鍛鍊二頭肌的那一組，他們的力量增強了一三．五％。

身心是相互關聯的，同屬於一個整體。為了實現我們的快樂潛能，為了整體的幸福，我們必須善加利用我們的身體和心靈。

## 羅丹的沉思者

奧古斯特．羅丹（Auguste Rodin）那件美麗的青銅雕塑為我們充分展現了身心之間的關聯。這是一件委託的作品，創作於十九世紀末、二十世紀初，耗時多年完成。最初，它的主題要呈現的是詩人兼哲學家但丁（Dante）以及他的神曲（Divine Comedy）。羅丹考慮過這個人物要以身著長袍的形象呈現，但最後他決定不用典型的學術形象來雕塑這位思想家。

相反地，他創造了一個展現強健體格的沉思者。這件雕塑所呈現的是一個肌肉發達的裸體，以手托著下巴蹲下。在這個位置上，就好像他是一團線圈一般，一觸即發，這樣的他蓄勢待發。為什麼羅丹會以這個姿勢來形塑一位思想家？

他是這樣寫的：「我的沉思者是如何思考的，他不僅用他的大腦思考，他也用他皺著的眉毛、張大的鼻孔和緊閉的嘴唇，還用他的手臂、背部和腿部的每一塊肌肉，以及用他緊握的拳頭和抓緊的腳趾在思考。」[39]在沉思者身上，心靈和身體是合而為一的。

---

39 愛爾森，A. E. 等人（Elsen, A. E. et al.），（2003 年），《羅丹藝術：史丹福大學 Iris & B. 傑拉德·坎托視覺藝術中心羅丹收藏》（*Rodin's Art: The Rodin Collection of Iris & B. Gerald Canlot Center of Visual Arts at Stanford University*），牛津大學出版社（Oxford University Press）。

## 壓力修復

壓力是我們的身體對於威脅的反應，無論是真的遇到威脅，還是覺得有威脅。我們的大腦透過所謂的「戰鬥或逃跑」來做出回應，它的作用是經由釋放荷爾蒙訊號讓我們的心跳加速，並提高感官的敏銳度。這使得我們能夠選擇逃跑、挑戰侵略者或是保護自己。

早在我們聽說過冠狀病毒之前，壓力就已經是一個健康議題，而且嚴重性已經到達大流行的程度，影響遍及各大校園還有工作場域，不只美國如此，全世界都一樣。[40]

在COVID-19大流行之前，中國政府曾發表聲明指出，對於人民不斷上升的壓力指數，國家應該要有更好的應對措施。此後不久，澳洲也發表了類似的聲明。

其實，早在COVID-19肆虐之前，我們在壓力方面似乎早已陷入困境——而現在的情況更是雪上加霜。這些日子以來，隨著壓力升高，加上我們經常會預設最壞的情況，即使不用太大的刺激，就能讓我們進入高度戒備的狀態。

我們的大腦保持警覺，時時刻刻注意危險，因為有愈來愈多的理由告訴我們要繃緊神經：也許我們不再像以前那麼有安全感，或是覺得自信滿滿；也許我們擔心我們的未來、旅遊、經濟、收入、孩子的教育，或者我們和親人的健康。

我們該如何應對所有的壓力？在過去的幾十年裡，無論是工作場所、校園還是其他地方的壓力，都是心理學與生理學家的研究範疇。他們的研究結論有點令人吃驚，甚至違反直覺。大多數的人認為，壓力會阻礙他們的健康和幸福。如果我告訴你，我們一直在指責的罪魁禍首，事實上是張冠李戴，該怎麼辦？如果我告訴你，壓力本身不是問題，你

40 克雷格，蘭伯特（Lambert, Craig），（2007年），〈快樂的科學〉（*The Science of Happiness*），《哈佛雜誌》（Harvard Magazine）。

會怎麼想？實際上，壓力對我們有潛在的好處，你相信嗎？[41]

請你想一下這個類比：你到健身房去練舉重。你在鍛鍊時，對你的肌肉做了什麼？你對它施加壓力——肌肉纖維受到破壞。我們不把這個當成一件壞事，因為我們知道，對我們的肌肉施加壓力，會讓它們比以前更強壯。假設幾天內，你持續舉起同樣重量的啞鈴，接著一週後你就能舉起稍微增加一點重量的啞鈴。

如果你認真遵循每週鍛鍊兩次的養生法則，並努力訓練一年，時候一到，你會變得更強壯、更健康——這全都拜壓力之賜。所以說壓力不是問題，相反地，它負責觸發你身體的反脆弱系統。

然而，當你興沖沖地決定，是時候讓自己的身體變強壯了，這時問題可能就來了。你跑去舉重，然後一分鐘後決定增加重量，接著一次又一次重複這樣的舉措。第二天，你再次強迫自己在舉重練習上增量又增重，而隔天你的訓練強度又再度升級。

很快地，你的身體就會因為承受了太多、太急的訓練而受傷。身體也會因此變得更虛弱而不是更強壯，你會感覺筋疲力盡而不是精力充沛。這是因為你的肌肉持續受到損壞，卻沒有機會重建。因此，**問題不在於壓力——問題其實在於身體缺乏修復的機會**。

無論是在健身房裡（從生理的角度來看），還是在外面的世界（從心理的角度來看），問題都不在於壓力的存在，而在於缺乏修復的機會。[42]有無修復機會的差別，很可能成為改變生活的契機。

壓力一直是生活的一部分，五十年前的人類必須承受壓力的侵襲，而五千年前的人類也是一樣。只不過在遙遠的過去，人類所面對的是大灰狼或嚴冬即將到來的壓力，而現代的壓力則是從四面八方對著我們轟

---

41 麥高尼格，K.（McGonigal, K.），（2016年），《輕鬆駕馭壓力：史丹佛大學最受歡迎的心理成長課》（*The Upside of Stress: Why Stress Is Good for You, and How to Get Good at It*），艾弗里出版社（Avery）。

42 洛爾，J.（Loehr, J.）和施瓦茲，T.（Schwartz, T.），（2005年），《全心投入的力量：高績效與個人更新的關鍵在於管理能量而非時間管理》（*The Power of Full Engagement: Managing Energy Not Time Is the Key to High Performance and Personal Renewal*），自由出版社（Free Press）。

炸：流行病還在肆虐、汽車無法發動、孩子們打成一團、季度報告的截止期限快到了、客戶的電子郵件上寫著「急件」、咖啡剛剛灑到筆記型電腦上。

但是，我們是有辦法處理所有的壓力的——事實上，我們非常擅長處理。想想看，你每天都是如此熟練地撲滅生活中大大小小的火苗。然而，當代生活與幾千年前的生活不同之處在於，人類過去有比較多的時間來休養生息。

現今的我們則是一直處於「開機狀態」，而且由於家庭和工作行程排得滿滿的，我們可以休養生息的時間少之又少。**我們忽略了一個事實，就是有時間讓自己休養生息是很重要的，這不只是關乎我們的幸福快樂而已**。承受壓力以及無法休養生息，兩者結合起來對於身體和心理都會造成極大的危害。[43]

要對抗無所不在的壓力，其中一種方法可能是脫離這種激烈的競爭，前往喜馬拉雅山，每天冥想八個小時。但是，這種做法對我們來說，並不是一種理想、可行的選擇，那該怎麼辦呢？有替代方案嗎？答案是有的。我們可以向那些雄心萬丈、勤奮努力的成功人士學習，這些人既健康又快樂。

他們和其他人一樣，都會遇到壓力。但是，他們的應對方式有些不同：他們會在極度忙碌的生活中，穿插一些停工期，短的、長的都有，在他們經過修復之後，就可以充滿活力。[44]我們可以讓自己進行不同等級的修復：微修復、中等修復，以及徹底修復。

---

43 妙佑醫療員工（Mayo Clinic Staff），（2019年），《壓力症狀：對你的身體和行為的影響》（*Stress Symptoms: Effects on Your Body and Behavior*），妙佑醫療健康生活型態（Mayo Clinic Healthy Lifestyle）。

44 洛爾，J.（Loehr, J.）和施瓦茲，T.（Schwartz, T.），（2001年），〈企業運動員的養成〉（*The Making of a Corporate Athlete." Harvard Business Review*），《哈佛商業評論》（*Harvard Business Review*）。

## 微修復（Micro-Level Recovery）

顧名思義，微修復就是在工作期間抽出一小段的時間，讓自己修復一下。做法可能是每兩個小時休息十五分鐘，去喝杯咖啡、冥想或是在街區散步。或者你也可以安排時間閱讀，騰出一小時去健身，或者在跟客戶會面的空檔聽聽你最喜歡的音樂。

如果我們希望在經過這樣的修復之後，可以達到觸發我們反脆弱系統的效果，就必須讓自己真正的休息。一邊吃午餐，一邊用手機打電話，或者回覆工作上的郵件與訊息——這都不算真正的休息，只是帶來更多的壓力而已。

我有一位同事是壓力專家，幾年前，他受邀前往紐約市某家交易所進行分享。當時這家公司正處於壓力重重的時期，組織中出現嚴重的倦怠，員工相繼離職，而其他選擇留下來的人不是生病，就是表現不佳。我的同事在簡短的演講中告訴他們，壓力並不是問題，問題在於缺乏修復。在他的演講結束時，聽眾被他說服，他們渴望邁出困境，紛紛向他詢問：「醫生，請告訴我們，我們該怎麼辦？」

他告訴交易員：「我希望你們每兩小時休息十五分鐘。」

員工們笑了：「你是在開玩笑的吧？」

「不是，我不是在開玩笑。為什麼這麼問呢？」

「我們必須時時刻刻盯著那一片螢幕牆——你知道世界市場在十五分鐘的時間裡，會發生什麼嗎？我們都在那些螢幕的前面吃午餐，我們根本不可能休息。」

「五分鐘可以嗎？」我的同事如此詢問他們。

「不行！」

「那三十秒總可以吧？」對此，他們點頭答應。

「那好。請你們每兩小時，抽出三十秒。在這三十秒內，我希望你閉上眼睛，深呼吸三次。每次吸氣五、六秒，然後呼氣五、六秒，總共三次呼吸。如果你想要更深入一點，那就好好地做完整的四次呼吸。

「但是，」他補充說道：「我要求你必須堅持做下去！。每兩個小時做一次，每天都要做。不是只有今天和明天，因為這兩天你還記得我在這裡對你說了什麼，而我要你把它當成一種儀式。」

「成交！」他們同意了——而且他們堅持了下來。

交易員每兩小時深呼吸三到四次。據他們回報，這麼做對他們的整體經驗造成確切且實際的差別——包括他們的幸福感、生產力、創造力和精力。何以如此？因為這三十秒的深呼吸提供他們急需的修復，可以做為他們對抗壓力的補充劑。

戰鬥或逃跑、或是定住不動，都是回應壓力的表現。深呼吸可以啟動哈佛醫學院的赫伯特·班森（Herbert Benson）博士所說的「放鬆反應」（relaxation response）。[45]通常你只需要進行三次深呼吸，就可以從壓力中恢復正常。試試看！低沉、輕柔地深呼吸，讓你的腹部在吸氣時鼓起，在吐氣時凹下。

有趣的是，嬰兒在大多數時候，自然而然就會用這種健康的方式呼吸——無論是在他們睡著或是醒著的時候，都是如此。成人則不然，尤其是醒著的時候。這既是壓力指數上升的結果，同時也是肇因。

為了擺脫這種向下螺旋，也就是壓力導致呼吸變淺，而反過來又導致更多的壓力，我們需要深呼吸。

亞利桑那大學綜合醫學中心的創始人兼主任安德魯・韋爾（Andrew Weil）教授說：「**如果我必須把我對於健康生活的建議，限縮在一個小訣竅上，那肯定就是學習如何正確呼吸。**」[46]

幸運的是，可以用來提升幸福感的工具近在眼前，我們幾乎可以在任何情況下隨取隨用。我們可以在上班途中、坐在電腦前、重要會議前，或是想要片刻平靜時，讓自己專注於更深層的呼吸，只要進行三到

---

45 班森，H.（Benson, H.）和克里波，M. Z.（Klipper, M. Z.），（2000年），《放鬆反應》（*The Relaxation Response*），平裝本，威廉莫羅出版社（William Morrow）。

46 韋爾，A.（Weil, A.），（2001年），《呼吸：自我療癒的萬能鑰匙》（有聲書）（*Breathing: The Master key to Self Healing*），SoundsTrue發行。

四個呼吸即可。你也可以固定每兩個小時休息三十秒，讓自己在日常工作中進行深呼吸——如果你需要提醒，請先設好鬧鐘。

在一天當中定期練習深呼吸，對我們的生活品質將會帶來重大的影響。如果你能固定每隔幾個小時，就抽出十五分鐘的休息時間，那就更好了。如果你安排得進去的話，我建議你把冥想或是瑜伽融入你的例行活動中，你也可以去散步，或是進行比較劇烈的運動。

哈佛大學教授菲利普．斯通（Philip Stone）是我的榜樣，也是我的人生導師。他因為退休而把他的正向心理學課程交棒給我之前，我曾擔任他的助教約六年的時間。我從斯通教授身上學到很多。他曾經為我上過很重要的一課，那是發生在一九九九年，一個臨時起意的時刻，當時我們正在參加於內布拉斯加州的林肯市舉行的正向心理學首次會議。可以聽到久仰的研究人員在大會中報告我早已拜讀過的內容，實在是一次難得的經驗。第二天的午餐時間過後，有人敲我的門。來者正是斯通教授。他對我說：「我們去散散步吧！」

「要走去哪？」我問。

「走就對了」他說。

不為什麼理由，也不趕時間，更不需要目的地。不用想太多，走就對了，這就是休養生息的意義所在。

## 中等修復（Mid-Level Recovery）

所謂中等修復，指的是為我們的生活安排比較長的休息時間，例如請完整一天的假。即使是上帝在創造世界後，也需要休息一天！對於我們這些凡夫俗子來說，這傳達了一項重要的訊息。**休假一天的人不但會更快樂，而且整體而言會更有生產力及創造力。**[47]休養生息是一項很好

---

47 洛爾，J.（Loehr, J.）和施瓦茲，T.（Schwartz, T.），（2001年），〈企業運動員的養成〉（*The Making of a Corporate Athlete." Harvard Business Review*），《哈佛商業評論》（*Harvard Business Review*）。

的投資。

好好地睡一晚也是中等修復的一種重要形式。有很多研究在探討睡眠對我們的健康和幸福的重要影響。[48]為了從每天二十四小時的時間裡，擠出更多可用的時間，現代人睡得比他們需要的睡眠還要少。但積累的疲勞會成為睡眠債，有借勢必得要還。[49]

成年人通常每天需要七到九個小時的睡眠。在控制其他因素的條件下，那些睡眠不足的人會出現較多憂鬱和焦慮的情況。[50]睡眠不足也會使我們變得易怒，或更容易攻擊他人。成年人可能有辦法在一定的程度上，把暴躁的情緒壓抑下來，但仍然會受到睡眠不足的影響，跟嬰兒沒有兩樣。不用說，這會影響我們人際關係的品質——我們因此比較有可能與他人爭吵、惹惱他人，或是被他人激怒。

睡眠不足也會導致免疫功能變差，使得我們更容易出現過敏、氣喘、感冒，或是得流感。研究顯示，在睡眠長期被剝奪的情況下，發生某些類型的癌症和心臟病的可能性會顯著增加。一項研究指出，平均每晚睡五個小時的女性，罹患心臟病或冠狀動脈疾病的可能性，比平均每晚睡七個小時以上的女性高了四〇％。[51]

此外，睡眠不足的人往往體重會增加。當睡眠被剝奪時，身體會發出訊號，告訴我們它需要更多的能量。其中一個訊號就是胰島素，我們的身體只不過經歷四個晚上的輕度睡眠剝奪，亦即每晚大約六個小時的睡眠，胰島素濃度就會顯著上升。[52]我們的身體隨後就會想吃高脂肪和高葡萄糖的食物，也就是俗稱的垃圾食物。這可能會導致肥胖，進而增

---

48 沃克，M.（Walker, M.），（2018年），《為什麼要睡覺？：睡出健康與學習力、夢出創意的新科學》（*Why We Sleep: Unlocking the Power of Sleep and Dreams*），斯克里布納出版社（Scribner）。

49 梅德尼克，S. C.（Mednick, S. C.），（2006年），《小睡片刻！改變你的人生》（*Take a Nap! Change your Life*），沃克曼出版社（Workman Publishing）。

50 沃克，M.（Walker, M.），（2018年），《為什麼要睡覺？：睡出健康與學習力、夢出創意的新科學》（*Why We Sleep: Unlocking the Power of Sleep and Dreams*），斯克里布納出版社（Scribner）。

51 出處同上。

52 出處同上。

加罹患糖尿病和其他疾病的可能性。

睡眠不足不僅會影響我們的內在：也會導致我們的眼睛周圍出現明顯的黑眼圈，並且在第二天面露憔悴。持續缺乏睡眠會加速衰老的過程，睡眠可以讓我們保持年輕。在性方面，睡眠也很重要。疲勞是性慾的重要殺手。睡眠不足會降低睪丸激素分泌，而且可能會導致男性和女性的性功能障礙。

睡眠也會影響認知功能。[53]許多學生，不分年幼或年長，都認為即使他們的睡眠時間沒有達到建議量，他們的表現也會變得更好，因為少了睡覺的時間就意味著，他們可以有更多的時間可以學習。這樣的認知同樣出現在為了完成更多工作，而跳過睡眠的成年人身上。

短期來看，這或許是一個不錯的解決方案，甚至當我們被迫在眉睫的最後期限所逼時，這可能是必要的。但是長遠來看，這是需要付出代價的；相反地，充足的睡眠會給我們巨大的回報。當我們睡眠充足時，我們的生產力、效率、創造力還有記憶力都會顯著提高。

如果這一切還不足以說服你早點上床睡覺，請注意疲勞是事故發生的主要原因[54]：像是運動機能不靈活、睡意揮之不去，或是在工作，甚至是在開車的時候睡著，都有一定的安全風險。

在美國，根據國家公路交通安全管理局估計，每年有多達六千起的致命車禍，最大肇事主因很可能正是疲勞駕駛。

因此，睡眠會影響我們的認知功能以及生理機能，而且也會影響身心之間的聯繫，亦即我們的心理健康，這應該不會讓人感到意外。持續的睡眠不足會導致壓力累積，而沒有喘息修復的機會，因此更讓我們整晚夜不成眠，如此發展下去將會陷入不健康的惡性循環。

加州大學河濱分校教授暨睡眠專家莎拉·梅德尼克（Sara Mednick）

---

53 出處同上。

54 蘭德公司（Rand Corporation），（2016年），〈睡眠不足讓美國經濟每年損失高達4,111億美元〉（*Lack of Sleep Costing U.S. Economy Up to $411 Billion a Year*），新聞稿，出處：rand.org/news/press/2016/11/30，2020年10月27日造訪查詢。

寫道：「那些被我們貼上『壓力爆棚』標籤的人，有許多人實際上名不符實，他們只是需要上床睡覺而已。」[55]

但是有個陷阱需要注意。過去幾年，我持續閱讀了很多有關睡眠的文章，然而我發現，有時太在意睡眠，反而會讓我的睡眠變得更糟！

我看到的研究告訴我晚上好好睡一覺有多重要，還有如果你不睡覺的話會發生什麼事，所以我上床之後，就會想著：**我現在必須趕快入睡！**但是當你心裡想著**我必須趕快睡著**的時候，結果會怎麼樣？

想也知道，這樣一來更難入睡了。所以，我學乖了，我告訴自己要放下那個念頭。如果你沒有睡著，別擔心。只要躺在床上休息，你的身心還是可以得到修復。

如果你發現自己因為滿腦子想著明天的待辦事項而失眠，你可以試著看一下書。但我建議你不要繼續漫遊於網路，因為螢幕的光線只會讓你更不容易入睡。還有，不要去看那些會使人不安的新聞報導，這樣睡意會離你更遠，你可以嘗試緩而深的呼吸。如果所有方法都失敗了，你晚上的睡眠時間實在不夠的話，那麼你可以在第二天小睡一下，這樣總比完全沒有睡覺好得多。

此外，雖然理想的小睡時間是九十分鐘，但其實只需要小睡十五分鐘，就可以讓你的頭腦恢復清醒，也可以讓你的心情好起來。這樣的投資真的是物超所值。如果你是在睡眠週期中醒來，並為此感到頭昏眼花，你可以先用冷水洗把臉，或進行一些快速的步驟促進血液循環。你會立即感到精力充沛，準備迎接一天的挑戰。

## 徹底的修復（Macro-Level Recovery）

最後是徹底的修復。我們的身心需要有一段比較長的時間，徹底遠離日常的勞碌，這樣我們的身心才能好好修復。無論是去露營、放下手

55 梅德尼克，S. C.（Mednick, S. C.），（2006年），《小睡片刻－改變你的人生》（*Take a Nap! Change your Life*），沃克曼出版社（Workman Publishing）。

邊一切盡情閱讀，還是連續幾天或是幾個星期無所事事，都是休養生息的好方法。

最近的一項研究發現，有超過一半的美國人沒有好好運用他們所有的休假；[56] 即使是那些把休假用掉的人，仍有超過四〇%的人，他們的心被綁在辦公室，因為他們仍會在休假期間查看跟工作有關的電子郵件。**如果我們沒有讓自己的身心適度地休養生息，我們的幸福感就會下降，績效也會變差。**

相對地，撥出時間讓自己從工作中抽身的人，整體而言會更有生產力和創造力。[57]「recreation」（休閒）與「creation」（創造）這兩個英文字在詞源上是有關聯的，這並非巧合。當我們歷經修復改造時，正是我們蓄勢待發、最有創造力的時候。

對於許多人來說，去休假——真正的休假，是很難辦到的；血型A型或有抱負的人尤其如此。我們覺得（我說我們，因為我的血型也是A型），如果我們休息一下，我們就會錯過機會，我們將會脫離競爭圈。我們會覺得其他人都在努力不懈並且持續領先，而我們卻停滯不前。為了改變你的認知，請你試著以一個一級方程式菁英賽車手的角度，來思考這件事。

一部賽車一次又一次地在賽道上奔馳——但是如果它一直不進站，它就無法完成比賽。如果一個賽車手說：「呃……如果我現在停下來，其他賽車手就會超越我，所以我可不打算進站。」

這樣會有什麼後果呢？不可避免地會出現危險的情況——要麼輪胎爆胎，要麼燃料耗盡。這種情況就相當於過勞，在你的個人生活還有職業生活中，如果你屈從於錯失恐懼症（Fear of missing out，FOMO）過度

---

56 卡里諾，M. M.（Carino, M. M.），（2019年），〈美國工人可能出現休假罪惡感……如果他們把休假全用掉的話〉（*American Workers Can Suffer Vacation Guilt... If They Take Vacations at All*），《Marketplace》，報導連結：zmarketplace.org/2019/07/12/american-workers-vacation-guilt，2020年11月27日造訪查詢。

57 洛爾，J.（Loehr, J.）和施瓦茲，T.（Schwartz, T.），（2005年），《全心投入的力量：高績效與個人更新的關鍵在於管理能量而非時間管理》（*The Power of Full Engagement: Managing Energy Not Time Is the Key to High Performance and Personal Renewal*），自由出版社（Free Press）。

害怕錯失，將會導致氣力放盡，無以為繼。

無論我們是讓自己進行微修復、中度修復還是徹底修復，都可以；但如果我們完全不讓自己進站修復一下，我們難免會搞到筋疲力盡或陷入困境，結果將是更難回到正軌上。

即使是校準到最佳狀態的賽車，也不能無限期地全速前進。不管你有多強壯、多具有復原韌性，你仍然需要這些修復。

此外，正因為有這些修復期，你才能在這當中變得更強大。**這就是壓力可以帶來好處的方式：休養生息可以活化我們的反脆弱系統，幫助我們變得更好、更健康、更快樂**。至於你到底每隔多久需要安排一段修復期，以及每次修復期要安排多少時間，我們比較需要從自我探詢的角度去找答案，而不是從研究中找答案。

雖然根據研究顯示，平均來說我們需要每九十分鐘左右，暫停一下，以進行修復，每週至少休息一天，而且每年應該花幾個星期的時間去休假。[58] 但是你還是可以自己試驗看看，找出你個人確切的需求為何。總而言之，讓自己休息一下，就對了！

## 執行單一任務

執行單一任務顧名思義就是在任何特定的時段中，只專注於做一件事。我們要談的，是忽略一直響個不停，提醒你還有許多其他事情非做不可的警鈴。

為了減輕你的壓力，你必須減少同時處理多項事務，盡可能一次只做一件事。你可能認為，同時處理多項任務，這樣我就可以完成更多的工作。

如果我能從我的待辦清單上，劃掉更多的項目，我的壓力就會

58 出處同上。

減輕。雖然有進度以及有生產力確實可以提高你的整體幸福感，而且有時多重任務，多軌並進既是必要也是無可避免的，但是太常同時處理多項任務會增加你的壓力，而且會耗盡你的能量。

因此，即使你必須同時處理多項任務，在一天當中也要穿插一些一次只處理單一任務的時段——在這些時段中，只全神貫注於一項活動，這麼做對你會有很大的幫助。

---

**執行單一任務可以讓你的身體放鬆，讓你的注意力集中，讓你有力量可以繼續下去。**

---

## 運動的療癒力

大量的研究得出一個簡單的結論：讓身體保持活動非常重要。[59] 儘管在某種程度上，我們都知道這一點，但是大家在忙的時候以及壓力大的時候，最先擱下的事情之一，通常就是運動。

我問我的學生什麼時候最不可能去運動，以及為什麼會這樣。他們幾乎一致表示，考試期間最不可能去運動。因為他們認為他們需要時間念書，不能花時間去運動。我的回答是，**壓力大的時候，其實正是最需要運動的時候。運動是讓我們從心理壓力中恢復精神最有效的方法之一，因為它對於應付焦慮非常有效。**

規律運動——每週進行三次三十分鐘的有氧運動，對於重度憂鬱症患者而言，便可以達到最有效的精神科藥物一樣的效果。[60]同樣的，運動對程度較輕、持續時間較長的輕鬱症患者同樣有幫助。事實上，運動與藥物的作用方式相同，都會釋放正腎上腺素（norepinephrine）、血清

---

59 瑞提，J.J.（Ratey,J.J.），（2013年），《運動改造大腦：活化憂鬱腦、預防失智腦，IQ和EQ大進步的關鍵》（*Spark: The Revolutionary New Science of Exercise and the Brain*），利特爾布朗出版公司（Little, Brown and Company）。

60 卡拉漢，P.（Callaghan, P.），（2004年），〈運動：在心理健康照護中被忽視的一項干預手段？〉（*Exercise: A Neglected Intervention in Mental Health Care?*），《精神衛生護理期刊》（*Journal of Psychiatric and Mental Health Nursing*）。

素（serotorin）以及多巴胺（dopamin），這些化學物質是我們大腦中可以讓我們感覺良好的化學物質。61

當我看到上述這些以及其他關於運動對我們的影響的研究結果時，我一開始認為，運動就像是服用抗憂鬱劑。但是在我繼續思考之後，我意識到不見得是這樣。其實並不是運動就像服用抗憂鬱劑，而是不運動就像服用了抑制劑。這可不只是語義上的差別而已。

我們並不是生來，或是被創造、演化成久坐不動的生物。所以我們不應該整天坐在家裡，坐在電腦前，沒有讓身體活動。我們的構造本來就是適合移動的，也可以說天生就擅於奔跑——無論是為了午餐而追逐羚羊，還是要遠離獅子以免讓自己成為獅子的午餐。

如今我們很容易在很長的一段時間內，幾乎完全沒有動到我們的肌肉，在螢幕上滑動手指並不算一種運動。當我們壓抑了某種需求，無論是對氧氣、維生素、睡眠還是運動的需求，我們都必須為此付出高昂的代價。由於我們的身心是一體的，因此身體上的挫敗感會導致心理上的挫敗感。

我們都擁有基本的幸福，這是由我們的基因和早期經驗所決定好的，這兩者都是我們無法控制的。如果我們不運動，我們就會讓這個基本的幸福水準下降，損及上天或是基因賦予我們的先天條件，這就是為什麼不運動就像服用抑制劑一樣。

雖然運動有很強的效用，但這是否意味著我們就不需要抗憂鬱劑，可以把藥物從藥櫃裡扔出去了？絕對不是這樣。運動並不是萬靈丹，有時候選擇服用藥物，才是最佳途徑。此外，研究強烈建議我們，需要開始把體育活動視為一種非常積極的心理干預。[62]

---

61 瑞提，J.J.（Ratey,J.J.），（2013年），《運動改造大腦：活化憂鬱腦、預防失智腦，IQ和EQ大進步的關鍵》（*Spark: The Revolutionary New Science of Exercise and the Brain*），利特爾布朗出版公司（Little, Brown and Company）。

62 卡拉漢，P.（Callaghan, P.），（2004年），〈運動：在心理健康照護中被忽視的一項干預手段？〉（*Exercise: A Neglected Intervention in Mental Health Care?*），《精神衛生護理期刊》（*Journal of Psychiatric and Mental Health Nursing*）。

被譽為現代科學之父的十六世紀哲學家法蘭西斯・培根（Francis Bacon）曾經寫過：「欲駕馭自然，必先師法自然。」我們需要經常運動，因為我們的天性就是如此。運動一直都很重要，在充滿挑戰的時期更是如此。

## 健身也健心

運動所意味的不只是在健身房裡揮汗如雨操練一番。更廣泛來說，讓身體活動對我們的健康非常重要。英國劍橋大學的研究顯示，經常活動身體的人往往比較快樂。

實情就是如此，因為就算這些人是坐在辦公室裡工作，他們也會每隔二十到三十分鐘，就起身四處走一走——這是一種微修復。愈來愈多的醫生提出「坐著是一種新的菸害」，雖然這可能有點誇張，但其實也不算太超過，長時間坐著是不健康的。[63]

原則上，建議你不要坐超過三十分鐘，都不起來動一下。你可以爬一段樓梯，在大廳裡走來走去，去一趟洗手間——動就對了，活動身體對於生理和心理的健康都很重要。

你有定期在運動嗎？如果你沒有這樣的習慣，不要為此感到內疚。只要走出去，從現在開始運動就好！記住，運動是你的天性。要提升我們的幸福已經夠難的了，不要再因為和自然天性對抗，而讓自己更難得到快樂。

現在要來談談定期運動的意思是什麼？雖然建議各不相同，但一般來說，每週進行三次三十分鐘的有氧運動屬於最低標準，最好則是每週進行五次四十五分的有氧運動。

如果你選擇進行高強度間歇訓練（high-intensity interval training，

---

63. 范德培洛等人（Van der Ploeg H.P. et al.），（2012年），〈222 497澳洲成年人坐著的時間與全因死亡風險〉（*Sitting Time and All-Cause Mortality Risk in 222 497 Australian Adults*），《內科醫學檔案》（Archives of Internal Medicine），第172卷，第6期，頁494-500。

HIIT），你就可以在比較短的訓練時間內，讓身心獲得同等的好處。你可以在網路上找到成千上百個HIIT課程。在健身計劃中添加一些重量訓練是很重要的，尤其隨著年齡增長更是必要。

我的健身方案通常是每週進行三次的HIIT，而不定期的重量訓練則穿插其間；然而，在生活中有比較多挑戰的時候——比如說現在，我會在我的健身組合中，增加每週一次有氧運動以及兩次的肌力強化訓練。我刻意讓自己更常運動，因為我覺得我需要。

你的健身方式可能包括快走——即使只是在你的公寓裡走動也算數。此外，也可能包括在彈跳床上彈跳，這是我樂在其中的事。迷你彈跳床不會佔用太多空間，價格也相對便宜，而且很容易在網路上找得到。如果你家裡有跑步機，請你替它拂去塵埃，繫好你的運動鞋，或者乾脆到外面去跑步、游泳或打籃球。

你可以在網路上查詢一些把有氧運動與肌力強化訓練結合起來的高強度循環訓練（HICT）課程。無論你決定如何健身，請在你的日曆上標示出幾個時段，這樣你就可以按時動滋、動滋了。

## 舞動能量

跳舞其實是最能提升幸福感的運動！跳舞和憂鬱這兩者很難同時在一個人身上並存，因為當我們隨著最喜歡的音樂節奏而搖晃身體時，我們通常會忍不住泛起微笑。而根據臉部回饋假設，這種微笑會被內化，我們會變得更快樂。

我們跳舞時的姿勢也會影響我們的心情。你可以和你的孩子或朋友在家裡舉辦舞會，也可以和你的伴侶一起參加虛擬的舞會活動，或是去上舞蹈課，或者自己跳Zumba。

不管你最喜歡用什麼方式讓自己舞動起來，做就對了，順便修正一下你的健身計劃。跳舞就像一種沒有副作用的藥物，或者說會帶來很多正面的副作用。

## 從小運動，一生受用

運動對於所有年齡層的人都有正面的影響。根據哈佛醫學院精神科醫師約翰．瑞提（John Ratey）的研究結果顯示，在那些讓學生定期運動的學校裡，孩子會更快樂，而且不會那麼暴力。只是讓孩子在日常活動中加入運動項目，就可以讓他們在身體上以及語言上的攻擊性，降低六〇%以上。

此外，有運動習慣的孩子在學業上的表現會更好，而且會變得更有生產力和創造力，參與度也會更高。無論是運動本身，或是把運動當成輔助治療的一部分，都有助於治療注意力不足過動症（attention deficit hyperactivity disorder，ADHD）。[64]

無論你的孩子白天是在學校還是在家中度過，我都誠摯建議你讓運動成為他們一天中不可或缺的一部分。

## 布勒哲爾的「孩子們的遊戲」

法蘭德斯藝術家彼得・布勒哲爾（Pieter Bruegel）是十六世紀文藝復興時期偉大的藝術家之一，他曾經創作了一幅美麗的油畫，名為《孩子們的遊戲》（*Children's Games*）。畫作描繪了比利時村莊過去的生活：孩子們在外面玩耍、跑來跑去、倒立、翻跟斗，還有騎馬。整幅畫就是在歡慶孩子們的各式運動。

這讓我想起了我自己在以色列的童年，那時候我有數不清的時間都是待在戶外玩耍。就像許多地中海國家一樣，以色列也有午睡時間，那是介於下午兩點到四點之間，但是只要一敲響四點的鐘

64 瑞提，J.J.（Ratey,J.J.），（2013年），《運動改造大腦：活化憂鬱腦、預防失智腦，IQ和EQ大進步的關鍵》（*Spark: The Revolutionary New Science of Exercise and the Brain*），利特爾布朗出版公司（Little, Brown and Company）。

聲，我們就會跑到外面去玩捉迷藏、踢足球或是鬼抓人。

我們不停地跑來跑去，盡情玩耍，直到晚餐時間到來為止。然而今日孩子們的生活已經大不相同，或許他們有比較多的手指運動，但是全身活動卻比以前少得多。我們要如何從這幅畫中學習？讓更多的運動融入我們的生活當中？現在正是我們鼓勵孩子們運動的好時機，也是我們返璞歸真，以運動和玩耍為核心，開始新儀式的好時機。對我來說，這幅畫帶給我靈感，告訴我可以更暢快地活動，帶著愉悅之心讓自己好好地動一動。

## 運動抗老

運動對於老化的影響是不可否認的。有一項針對身體活動力與老化之間關係的整合分析顯示，定期運動可以讓阿茲海默症以及癡呆症發生的可能性降低五二%。[65]即使你到了晚年才開始健身，也有這樣的功效。而這樣的效果是沒有任何藥物可以達到的。因此當我知道這項研究結果之後，我立刻打電話給我媽。

我說：「媽，你知道我是如何苦口婆心勸你運動的吧？好啦，現在我不再建議妳運動了，我要要求妳運動。」在平常的情況下，我是不可能這樣跟我媽說話的。但是，我當時毫不避諱。為什麼呢？因為她的母親，也就是我的外婆，就是死於阿茲海默症。而我媽的阿姨，也就是我外婆的妹妹，也是死於阿茲海默症。

不幸的是，這種疾病是有遺傳因子的。所以，我告訴我媽：「妳必須運動。就算不是為了妳自己，也請妳為了妳的孩子和孫子設想。」令我感到欣慰的是，她把這個建議銘記在心，開始像個虔誠教徒般在做運動，即使是在疫情封鎖期間也持續不間斷。

如果你還沒有運動的習慣，那麼無論你現在幾歲，你都可以開始運

65 出處同上。

動。但請記得要循序漸進——寧可一開始慢慢來，也不要躁進，而且最好是在教練或醫生的指導下進行。如果可能的話，參加你喜歡的運動項目，因為這樣你比較有可能自然而然堅持下去。運動對我們來說一直都是非常重要的，而在壓力超乎平常的時候，更是如此。

## 藍色寶地

《國家地理雜誌》（*National Geographic*）的丹・布特納（Dan Buettner）與其他研究人員一起研究了世界上人們壽命最長的藍色寶地（Blue Zones）。[66]其中包括希臘的一個小島——伊卡利亞島（Ikaria）、日本的沖繩島（Okinawa）、美國加州的洛馬琳達區（Loma Linda）、義大利的地中海島嶼薩丁尼亞半島（Sardinia），以及哥斯達黎加的尼科亞半島（Nicoya）。這些地方擁有的百歲人瑞的人數，是其他地方的五到七倍。

布特納寫下《藍色寶地》（*The Blue zone*）這本書的目的，是向我們介紹世界上關於健康和長壽的最佳實踐，讓我們有機會把這套實踐方法應用到我們的生活中。

他在書中總結說道：「如果我們採用正確的生活方式，我們可以延長至少十年的美好歲月，而且罹患過早殺死我們疾病的機會，也會小很多。」布特納提出的許多想法不僅和我們身體健康有關，同時也和我們的心理健康——也就是快樂有關。

藍色寶地的人習慣運動，這一點可能並不令人意外。然而他們並不上健身房，甚至住所附近根本沒有健身房。相反地，他們在日常的活動中就隨時在健身。有時他們會爬山；有時他們只是走很遠的路去看朋友，或是去商店買東西。有時候，他們必須抬起、拖運重物。

---

66 布特納，D.（Buettner, D.），（2012年），《藍色寶地：解開長壽真相，延續美好人生》（*The Blue Zones: 9 Lessons for Living Longer From the People Who've Lived the Longest*），國家地理雜誌出版（National Geographic）。

但反觀現代，我們的生活太方便了。幾乎什麼都可以用遙控器控制，即使是食物，也只要動動手指就可以送達。如果我們終日只是舉起或滑動我們的手，就算不依靠支架把整支智慧型手機拿在手上，這樣的運動量也遠遠不夠。

有意思的是，藍色寶地的居民們並沒有共通的飲食習慣，但他們有共同的飲食原則：例如吃全天然的食物而不是加工食品，以及食用大量的水果、蔬菜和堅果。

此外，事實證明，重要的不僅是食物的品質，吃多少也很重要。藍色寶地的居民重視適量飲食。例如在沖繩，當地的居民約定俗成每頓飯都吃到八分飽就好。相較之下，我們大多數的人經常吃到完全飽了為止，甚至還會繼續再多吃一些。

我們可以在藍色寶地的居民生活中，看見其他SPIRE元素的實踐。例如，他們享受生活的意義（精神上的幸福），以及深厚的友誼還有家庭的連結（關係上的幸福）。

與此同時，布特納強調我們不需要全面效法，也不需要在生活中引入激進的做法，期待藉此獲得顯著的利益。

我們可以專注於SPIRE的任何一項元素，例如說身體上的幸福，然後藉由這項元素的微小變化，引發後續巨大的成效。例如，稍微減少一點我們的食量，或者在我們的飲食中添加額外的蔬菜或堅果，就可以為我們帶來長遠的效果。

關於運動，布特納談到讓自己在一些小地方忍受小小的不方便，對我們其實很有價值。例如起身操作開關而不是使用遙控器，走樓梯而不是搭電梯，偶爾走路到目的地而不是到哪裡都要開車。

## 維持一貫是關鍵

你可能會在某些早晨醒來時，覺得自己完全提不起勁。我們都曾經有過這樣的經歷。

我的一個學生對我說：「有時候我可以做任何我想做的事——運動、瑜伽、冥想，但是有的時候我真的什麼也不想做。」我的學生並不是唯一一個有這種感覺的人。

有時候我們的心情就像雲霄飛車一樣，難免會有這種無力的時刻。在我們壓力大的時候，更是如此——你可能前一天還精力充沛，但第二天卻欲振乏力。當然，我也有只想躲在房間裡什麼都不做的時候。

情緒低落的挑戰之一，就是避免惡性循環——我們因為心情低落，所以對著沮喪的自己說：「何必呢？」緊接著我們選擇停止運動，也不再優先考慮如何讓自己修復的事，結果就是，這樣的停擺讓我們感覺更糟，開啟了一系列的惡性循環。

這種向下沉淪的惡性循環通常會表現在拖延症（procrastination）上，也就是把不需要現在立刻去做的事，延後到之後再做……然後一拖再拖。那麼，研究對於拖延症有什麼建議？[67]

你可以試試看一種叫做「起飛五分鐘」（five-minute takeoff）的策

略，對自己說：「儘管我現在一點也不想做這個，但我會試著做五分鐘看看。」

例如，散步、跳舞或打球五分鐘，你會發現這五分鐘過後，你往往可以再多做五分鐘，以此類推。起飛五分鐘策略不僅適用於運動。在我不想寫作的日子裡，我也經常會尋求起飛五分鐘策略的協助。

開始後不久，通常是幾分鐘之內，我就會找到節奏感，然後可以連續寫作兩個小時或是更久的時間。我發現一旦自己真正進入這樣的程序中，我的精神就來了。

許多拖延者常會犯的錯，就是相信動機先於行動。換句話說，他們認為，如果你想要做某件事，首先你必須受到啟發。然而事實並非如此，那些不會拖延或是比較少拖延的人做事的模式剛好相反。

---

67 史迪爾，P.（Steel, P.），（2012年），《拖延方程式：如何停止拖拖拉拉、開始把事情搞定》（暫譯：*The Procrastination Equation: How to Stop Putting Things Off and Start Getting Stuff Done*），哈潑貝爾尼爾出版社（Harper Perennial）。

他們意識到這與有沒有先受到啟發無關，重點在於「行動」必須先於「動機」。只要你願意開始，只要你肯放手去做，你就愈有可能達到一種讓你覺得興奮，而且被推著繼續前進的精神狀態，就算你當時情緒低落也無礙。

有時候我們需要先假裝擁有這種心態，直到我們真的成功了，或者是像社會心理學家艾美・柯蒂（Amy Cuddy）所說的：「假裝你很會，直到弄假成真為止。」[68]

如果你每週定期健身三次，就算偶爾錯過一節課，你仍然可以見證改變。我們稍早曾經提過，即使是穿插在一天當中短短三十秒的修復時間，也會發生改變的作用。改變確實會出現，但前提是你必須持之以恆。這正是關鍵所在：**如果能夠穩定持續地進行，微小的變化就會造就很大的不同**。

比如說，如果我可以選擇參加一次性的、歷時整個週末的冥想靜修，或者是選擇持續進行每天冥想五分鐘，我會選擇後者；而如果是在每週跑一次十五英里，以及每週跑三次各五英里之間做選擇，我會選擇每次跑較短路程的選項。

為什麼呢？因為持續進行改變，才能讓幸福感的提升長長久久，這是偶一為之的高強度刺激活動所做不到的。

68 柯蒂，A.（Cuddy, A.），（2018年），《姿勢決定你是誰：哈佛心理學家教你用身體語言把自卑變自信》（*Presence: Bringing Your Boldest Self to Your Biggest Challenges*），利特爾布朗出版公司（Little, Brown and Company）。

SPIRE檢核

## 身體上的幸福

請把焦點放在身體上的幸福，完成SPIRE檢核的三個步驟：打分數、說明和對症下藥。首先請你反思以下的問題：

- 你常常活動你的筋骨嗎？
- 你有好好照顧自己的身體嗎？
- 你有撥出時間讓自己休息和復原嗎？
- 你如何應對壓力？

根據你的反思，確認你在身體層面所感受到的幸福舒適達到什麼程度，然後幫自己打分數。請你從一到十給分，一分代表幸福感很低，或是很少體驗到幸福舒適的感覺，而十分則代表很幸福，或是常常覺得幸福舒適。

分數打好之後，請你用書面形式說明你給自己打這個分數的原因。然後，請你對症下藥，替自己開立處方箋，一開始只需設定讓你的分數增加一分就好。

舉例來說，你可以每週健身三次；或每兩個小時進行一輪三十秒的深呼吸；或每天至少安排一個小時，在這段時間裡，一次只做一件事；或者把電池從遙控器中取出等等。

請你每週確認一次自己的狀態。

第三章

# Intellectual 智識上的幸福

## 常保好奇，寬容失敗而不指責缺陷

當你能夠接納失敗而不是去批判不完美，寬容錯誤而不是指責缺陷時，你將會發現更多的快樂與成功。

你在人生中可能犯的最大錯誤，就是一直擔心自己會犯錯。

——阿爾伯特．哈伯德（Elbert Hubbard）

睿智的希臘哲學家亞里斯多德把人類描述為理性的動物，意指我們人類是由我們所具備的思考與推理能力——亦即我們的智力——所定義的。但是，亞里斯多德主張這種人類的關鍵特質，是否凸顯出我們是善於追求幸福快樂的物種？

有一種普遍存在的想法認為，如果我們想要快樂，我們就應該努力抱持放牛吃草的心態——不要去想東想西，就沒有什麼好擔心的，這樣我們就可以……開開心心。

畢竟，這個觀點認為，思考往往會讓我們陷入愁思和憂鬱的漩渦。

然而，對於大多數的人來說，如果我們只是像動物一樣地生活：滿足生理需求以及一點其他東西，從長遠來看，會造成很多不幸。

這麼說來，我們該如何充分利用我們的智力來提升我們的幸福，而不是有損幸福呢？

關於智識上的幸福有幾個面向可以探討，我在這一章將討論其中的三個面向。首先，追求智識上的幸福是著眼於，如何滋養你與生俱來的無敵好奇心，以及喚醒你學習更多知識的自然渴望。

第二，智識上的幸福要談的是深入研究主題所蘊含的價值——這既是快樂的來源，也可以提高你的思維層次。

第三，當我們擁有智識上的幸福時，我們將有開放的心態面對自己可能犯更多的錯。因為矛盾的是，唯有當我們學會接受失敗——體認失敗是一種重要的經歷，而不是我們需要害怕或拒絕的事，我們才能讓自己準備好登上新的高度。

## 涵養好奇心

我們天生就對周圍的世界以及內心的世界充滿好奇，但是隨著年紀增長，這種本能有時會被扼殺，而扼殺者通常是出於善意的教育者，他們的身分可能是父母也可能是老師。心理學家米哈里·契克森米哈伊（Mihaly Csikszentmihalyi）曾經寫過：

> 無論是家長還是學校，都無法有效地教導我們的年輕人，如何從對的事物中找到樂趣。他們讓嚴肅的任務顯得乏味、艱鉅，讓無關緊要的目標顯得刺激有趣且毫不費力。學校通常無法教授學生們科學或數學是多麼的有趣、迷人且美麗。他們教授的僅僅是文學或歷史中老生常談的部分，而不是帶領學生去探險。69

當我們把焦點放在外部的標準，像是用成績和獎盃、標準化考試以及競爭來衡量成功時，這樣的做法其實損害了孩子內心對於學習的熱情與喜愛。孩子們在提問與學習時湧現的熱情和興奮，常常因為學校作業的沉悶與無聊而被消磨殆盡。

不用說，這種學習方式無法帶給孩子們智識上的幸福感受。借用教育家尼爾・波茲曼（Neil Postman）的話來說：「孩子們入學的時候就像是個大問號，離開學校的時候變成了句號。」

在這些孩子長大之後，仍然依循這種方式在學習，甚至沿用到他們的整個人生，使得他們在工作上或是家庭中很少有真正投入的參與感。結果就是，我們無法好好善用我們的人生，而且悲劇性地將這種平淡無奇、缺乏靈感的學習方法傳給了我們的下一代。

幸運的是，好奇心是很難被完全消滅的。事實上，它只是進入休眠

69 契克森米哈伊，M.（Csikszentmihalyi, M.），（2014年），《心流在人類發展及教育上的應用：米哈里・契克森米哈伊著作全輯》（*Application of Flow in Human Development and Education: The Collected Works of Mihaly Csikszentmihalyi*），施普林格出版社（Springer）。

狀態，處於一種蟄伏期——急切地等待著被喚醒的那一刻。強烈的學習欲望有時候可能被澆熄到只剩下一點火苗，雖然處於將熄未熄狀態的那一點點星火，還不足以激起我們對生活的熱情，但是它仍然具有星火燎原的潛力。

愛因斯坦對於學習的熱情是他的個人標誌之一，他寫道：「事實上，現代教學方法居然還沒有把追根究柢的神聖好奇心給完全扼殺，這簡直就是一個奇蹟。」

然而，我們不應該認為這個奇蹟是理所當然的，我們不應該繼續因循苟且。相反地，我們應該盡最大的努力，重新點燃殘存的好奇心火花，重新激起我們對學習的熱情。

如果我們把好奇心拋在腦後已經很久了，我們要如何回到天生充滿好奇心的狀態呢？或許，阻礙我們回歸好奇本心的最大障礙，來自一項錯誤的信念：有一些人根本就沒有好奇心可言——這些人問問題、學習與成長的欲望早已熄滅，或者這種欲望從來就不存在。抱持這種錯誤信念所衍生出來的問題就是，它變成一種自我應驗的預言（self-fulfilling prophecy），阻礙我們萌生任何發現興趣或熱情的企圖。不去尋找，就不可能有任何發現。

如果我們希望重新點燃對學習的熱愛，第一步可以從信念出發——相信我們天生就有抵擋不了的好奇心。如果我們斬釘截鐵地說「我不喜歡學習」，就好比聲明「我不喜歡吃」一樣沒有道理。我們可能不喜歡沙丁魚或是大黃瓜，但是我們的身體構造天生就可以從進食中獲得樂趣，至少在吃某些食物時是如此。

同樣地，我們可能不喜歡學微積分或是古老的語言，但是我們天生就可以從學習中獲得樂趣。提問與探索新事物可以滿足我們的好奇心，就像食物和水可以滿足我們的生理本性。

正如食物是我們生存和蓬勃發展所必需的，因此我們自然會對食物產生渴望，學習和成長對我們的必要性也是如此，所以我們自然會渴望學習成長。

當我們還是嬰兒的時候，如果沒有好奇心，我們就不會冒險離開我們的嬰兒床——我們就不會學習如何爬行或行走、抓握或擁抱。[70] 如果你打定主意想要重燃對學習的熱愛，那麼**你要問的不是自己究竟是不是喜歡學習，而是應該問自己喜歡學什麼，以及該如何學習**。

你可能傾向於探索數字與符號的世界，而其他人可能被藝術與音樂所吸引；人類的起源和進化可能激發你的學習興趣，或者關於生命的意義與目的等種種問題可能讓你徹夜思考輾轉難眠。有些人可能醉心於人類心理學，而有些人則可能對動物生理學著迷。

幸運的是，我們的世界是如此地豐富多樣，我們永遠不乏參與和學習的可能性。

除了把「你的好奇心可能已經完全熄滅」這個錯誤的信念移除之外，另一個有助於重新點燃學習熱情的做法，就是先假裝自己充滿學習的熱情，直到你真的熱愛學習為止。

康乃爾大學的心理學家達里爾．貝姆（Daryl Bem）執行過一項研究，研究成果讓我們看見：我們如何形成對自己的態度，與我們如何形成對他人的態度，途徑是一樣，都是透過觀察。[71]

如果我們看到一個人幫助別人，我們會得出結論，他是一個善良的人；如果我們看到一個女人為她的信念挺身而出，我們會斷定她是個有原則而且勇敢的人。

同樣地，我們也是透過觀察自己的行為，而得出關於自己的結論。當我們做了好事，顯得勇氣可嘉時，我們對自己的態度很可能會朝著與行為一致的方向而轉變，我們往往因此覺得自己變得更善良、更勇敢，並且更正向地看待自己。

透過這種被貝姆稱為自我感知理論的機制（Self-Perception Theory），

---

70 卡什丹，T.B.（Kashdan, T.B.），（2010年），《好奇心的幸福力量》（*Curious: Discover the Missing Ingredient to a Fulfilling Life*），哈潑貝爾尼爾出版社（Harper Perennial）。

71 貝姆，D.J.（Bem, D.J.），（1967年），〈自我認知：認知失調現象的另一種詮釋〉（*Self-perception: An Alternative Interpretation of Cognitive Dissonance Phenomena*），《心理學評論》（*Psychological Review*），第74卷，第3期，頁183-200。

隨著時間推進，我們的行為可以慢慢改變我們的態度。

既然好奇心是一種源自於對生活的態度，那麼我們就可以透過我們的行為來改變它：先觀察自己好奇心的表現，接著我們就會真的變得更有好奇心。

所以，如果你已經找不到這種熱愛學習的感覺，那就先假裝自己已經重拾學習的熱情，直到你真的愛上學習為止。你可以跟你的朋友或同事詢問他們專業領域的問題；或是挑一些你涉獵有限的主題，閱讀和這個主題相關的文章，或是觀看一些講座影片，同時深入去了解你已經熟悉的主題。現在你已經擦出好奇心的火花，過不了多久，你的學習熱情就會重新燃起。

知識的品味是可以陶養出來的。我們可以借鏡以下的類比：大量的研究成果告訴我們，嬰兒和成人是如何喜歡上特定食物的味道。[72]例如，一個兩歲的孩子最初可能會拒絕或討厭吃大黃瓜，但是在嘗過十幾次之後，就會開始喜歡大黃瓜的味道。

一個從沒吃過大黃瓜的中年人，一開始可能不喜歡這種味道，雖然他的大腦不像蹣跚學步的孩子那麼有彈性，但是在他嘗過幾十次大黃瓜之後，他極有可能也能開始享受大黃瓜的滋味。

要透過不斷地嘗試，我們才能延伸味蕾的感受度，我們想要品嘗的食物口味和質地才能變得更豐富多樣。同樣地，我們可以透過嘗試新的想法與體驗，來學會如何常保好奇心，以及學會對於新的體驗抱持開放的態度，這樣一來我們的探索範圍就可以變得更寬廣、更多樣。

正如我們用譬喻的方式描述味蕾伸展一樣，我們的思想也是如此拓展。拉爾夫・沃爾多・愛默生（Ralph Waldo Emerson）曾經寫道：「我們的心智一旦被一個新想法所延展，就永遠不會回到原來的維度。」開始延展我們的心智吧！絕對是好處多多。在持續不斷擴展心智的

---

72 拉卡魯拉，A.（Lakkakula, A.），（2010年），〈重複的味覺暴露會提高低收入小學生對蔬菜的喜愛〉（*Repeated Taste Exposure Increases Liking for Vegetables by Low-income Elementary School Children*），《食欲》（*Appetite*），第55卷，第2期，頁226-31。

過程中，會讓我們變得更具有反脆弱性、更能從困難中學習，而且更有能力克服阻礙。

此外，這與我們在前一章討論過身心之間是相互關聯的，因此當你更具有好奇心時，不是只有你的心智可以從中受益，你的身體也會得到好處。

二十世紀的美國作家莉莉安・史密斯（Lillian Smith）勇敢反對種族隔離、爭取性別與種族平等，她曾經寫過：「當你停止學習、停止傾聽、停止尋找和提出問題——不再問新的問題，這時便是你的死期。」史密斯提倡永保好奇心以及終身學習。但是，她對那些好奇心終結的人判處死刑，是不是有點太過苛刻了？

沒錯，可能是嚴苛了點。作為一名小說作家，她所尋求與凸顯的是當中的戲劇性。然而，這份戲劇性當中有一定的道理。例如，健康研究人員蓋瑞・史汪（Gary Swan）和多瑞特・卡梅里（Dorit Carmelli）的研究證明了好奇心與長壽之間的關係。[73]

在他們的研究中，控制其他因素後，有好奇心的老年人可能比沒有好奇心的老年人活得更久。好奇心也許會殺死貓，但它同時也可以延長人類的生命。

## 問自己問題

我們也可以把好奇的鏡頭對準自己。古希臘哲學家蘇格拉底被認為是西方知識傳統之父，他帶領他的學生培養洞察力與理解力的方法，不是透過講授與提供答案，而是透過探索與提問。東方知識傳統之父孔子，也把「探究」放在他哲學思想的中心位置。

問問題對我們來說，是很自然的事，也是一件好事，因為提問可以

---

73 史汪，G. E.（Swan, G. E.）和卡梅里，D.（Carmelli, D.），（1996年），〈老年人的好奇心和死亡率：西方合作小組五年期追蹤研究〉（*Curiosity and mortality in aging adults: A 5-year followup of the Western Collaborative Group Study*），《心理學與老化》（Psychology and Aging），第11卷，第3期，頁449－453。

幫助我們學習與成長。但是，有時候我們的提問，卻對我們沒有什麼幫助，那就是當我們遭逢困難險阻的時候。這種時候我們通常會將問題著眼於「為什麼會出現問題？」——以半滿的水杯來舉例，我們往往會探究已經空掉的部分，而不是關注著還裝著水的部分。

譬如，如果我現在過得不太順利，可能的提問將是：「你生活中的什麼部分出了問題？」或者「你為什麼感到焦慮？」如果我和我的伴侶關係維持得很辛苦，我們或那些想要幫助我們的人，可能會問：「這段關係裡的什麼部分出了問題？」、「這些爭吵背後代表什麼意義？」

如果一家公司沒有實現它的目標，那麼管理階層或是外來的顧問通常會問的問題是：「組織的弱勢是什麼？」或是「阻礙它發展的障礙是什麼？」

這些都是合理且重要的問題，但是有愈來愈多的證據顯示，無論是個人還是組織，如果我們想要完整地發揮我們的潛力，只關注這一類的問題是不夠的，我們不僅要讓我們的眼光跳脫欠缺、空掉的部份，還要進一步去察看玻璃杯還裝著水的部分。

欣賞式探詢（appreciative inquiry）領域的共同創始人大衛・庫珀里德（David Cooperrider）指出：「我們生活在一個由我們的問題所創造出來的世界中。如果我們想要為自己和他人創造出最好的世界，我們需要提出正面的問題。我們發現，當我們提出的問題愈正面，變革的成果就會愈持久、愈成功。」[74]

為了提高正向改變的可能性，你可以轉移問題的焦點，而不是只把焦點放在那些出問題的事情上。就算是在遇到難關的時候，你也可以問自己：我的生活中有什麼進行得很順利的？有什麼東西具有為我帶來平靜的潛力？在我們的關係裡，什麼部份我們做得很好，我們可以在什麼方面一起成長？組織的優勢是什麼，它的競爭優勢在哪裡？

---

74 庫珀里德，D.L.（Cooperrider, D.L.）和惠特尼，D.（Whitney, D.），（2005年），《欣賞式探詢：變革的正向革命》（暫譯：*Appreciative Inquiry: A Positive Revolution in Change*），貝雷特－科勒出版社（Berrett-Koehler Publisher）。

在找出進行順暢的事情之後——無論是在你的生活、你的關係還是你的組織方面——你都可以繼續問：我可以從那些進行順利的事以及奏效的方法中，得到什麼啟發？我可以如何應用？

你提的問題就像是一支手電筒，為你指引前路，並且把你的注意力吸引到一個特定的區域。超出光圈之外的其他一切，都處在黑暗中。如果你提出的問題本身範圍太侷限，就算你花了大量時間和精力來回答這個問題，你可能也找不到你要找的東西。當你要做決定時，需要反思你眼前的所有可能性做為參考依據——但你無法反思你還看不到的東西。

**如果你想讓自己有更多的選擇，最根本的方法在於問對問題。**

## 十二道新問題

以下有一份問題列表，對我自己還有其他人都很有幫助。你可以利用這些問題來引導你度過艱難處境，或是實現你的目標。

要特別提醒的是，這份清單絕對不是把問題一網打盡，還有許多其他問題可能更適合用來引導不同的人面對不同的情況。就像你需要花很多時間和精力來磨練你的回答技巧，你的探詢技巧也需要反覆練習。

隨著你進行一些嘗試——測試不同的問題，嘗試再嘗試，而讓自己變得更能問對問題時，新的路徑將在你面前展開。

你可以用下列的問題來培養你的好奇心、拓寬你的視野，進而促進全人的幸福，但請記得我所列出的這些問題只是部分而已，並非全部。

一、我最快樂的時候是什麼時候？

二、我要如何才能變得更快樂？

三、我在何處體驗到生命的意義？

四、我要如何才能找到更多生命的意義？
五、我有哪些正向的習慣？
六、我要如何在生活中培養更多正向的習慣？
七、我喜歡學習什麼？
八、怎樣才能讓自己更進一步沉浸於好奇心之中？
九、我在人際關係的什麼部分做得很好？
十、我可以做些什麼來改善我的人際關係？
十一、我什麼時候感到最愉悅？
十二、我要如何才能替我的生活帶來更多的愉悅？

## 深度學習

在我剛開始上大學時，大一所修的第一門課是速讀。這門課實際上是在學年開始之前的一個星期，專門為新生而開的課，因為預計他們未來的課業負擔會很重。

這是一門很棒的課，多虧了這門課，讓我有辦法每個星期讀完數百頁的文獻，不然我絕對做不到。那門課幫助我在整個大學和研究所時期保持良好的狀態，讓我即使到了今天，也能每天跟上的ＮＢＡ新聞，以及不斷變化的政治局勢。

但是話說回來，哈佛其實應該開一門更重要的課，甚至我認為所有的大學還有工作場所都應該開設這門課：那就是「慢讀」。

換句話說，我們需要的不是一門教我們泛泛學習的課，而是一門深度學習的課。最後我從我的指導教授——哲學家羅伯特．諾齊克（Robert Nozick）那裡，學會了如何慢讀。

每個禮拜他都會指定一小段摘錄讓我閱讀，並要求我把心得寫下來。然後，在一個小時內，他會從我的回應中挑選出一個段落，在我所閱讀的指定摘錄旁邊，把這個段落拆解成更小的片段。我因此能夠看到每個句子中包含了多少層的含義，這樣的練習對我影響深遠。我學會了

「慢讀細想」（read slowly and think deeply）。

然而，深入文本，或者沉浸在藝術作品或是大自然之中，對我們有什麼好處？你為什麼要花時間一遍又一遍地閱讀同一段文字、沉思一幅美麗的畫作，或者反思窗外的樹木？你這樣不是在浪費時間嗎？生活裡的精采素材何其多，而人生苦短，你難道不應該盡可能地多加涉獵嗎？

如果你主要關心的是盡可能在各方面多去經歷，以加速清除人生待辦清單的項目，那麼，好吧，犧牲深度或許是換取廣度的好方法。然而，如果你最關心的是追求快樂以及全人福祉，那麼你應該至少花一些時間去深入了解你真正在乎的東西。

深度學習究竟有什麼好處？首先，深度學習可以為你帶來大量的滿足與樂趣。我上高中的時候，學校規定我們要看《罪與罰》這本書。我看了，但是當時並沒有樂在其中。除此之外，我還搭配閱讀本書的學生學習手冊（Cliff's Notes）（請不要告訴我的英語老師）——手冊上說明了如果你想在考試時得高分，你最需要知道的內容。

但是今天，在沒有截止日期的情況下，我重讀杜斯妥也夫斯基，這時的我更能品味這部作品。我在閱讀時，可以盡情享受與杜斯妥也夫斯基聰明的腦袋交流的樂趣，神遊十九世紀的聖彼得堡，同時思考道德意識的本質。

在不需要趕進度的情況下，我有充足的時間來學習、成長、品味與欣賞。我想起了亨利・大衛・梭羅（Henry David Thoreau）的話，這段話大約是在跟《罪與罰》同時期所寫的：「人生苦短，何必太匆匆。」

深度學習的第二個好處在於，它可以幫助你在生活的其他領域也能更成功。我的歐洲祖先都是成功的商人，但他們沒有讀過商學院。事實上，他們並沒有上過大學，甚至他們大多數的人根本連高中都沒有上過。長大後，我問祖父關於祖先的秘密。他告訴我，雖然他們沒有受過很多正規的教育，但他們都稱得上學者。

我的祖先每天都在深入研究希伯來聖經還有塔木德經（Talmud），

有時候是獨自一人研究，有時候是跟拉比[75]、家人或朋友一起學習。他們會連續數小時分析一個段落，也會因為使用希伯來語或是亞蘭語去翻譯原文時，看法分歧而激辯。有時候他們會花幾天的時間談論一個句子的意圖，或者是一個字彙的真正含義。

深度學習讓這些「學者」不僅在神學研究上展現聰敏，在街頭上也很機靈。物質和精神這兩個世界看似如此分離，但事實並非如此。學習和了解聖經文本的能力，很容易轉化為理解商業模式、審視合約或是評估潛在客戶的才能。此外，每當我們進行深度學習，總會出現積極、快樂的能量做為努力的證明。當我們能夠充分展現我們的智力，我們就會變得更聰明、更快樂。

正如深度學習可以在專業上助我們一臂之力，它對於我們的人際關係也能產生正面的影響。信不信由你，我們理解文本、欣賞文本複雜性的能力，也可以強化我們與親密伴侶、朋友、同事或孩子的關係。但是，我們閱讀的方式究竟如何影響我們與他人互動的方式呢？

我們有一個大腦，一套神經系統，整個大腦和神經系統是在多重區塊中運作。如果我們在某一個領域讓膚淺學習的神經連結變得愈來愈強，那麼我們在生活中的其他領域也會愈來愈依賴這些神經連結。

現在的人在網頁上平均停留的時間是七秒。我們瞥一眼網頁，儘量收集我們能收集到的資訊，然後就點擊下一頁。結果導致我們一直需要新的刺激和新奇的事物。

這種現象會轉化成注意力短暫、容易覺得無聊，還有在生活的其他領域（如人際關係）也不斷需要新奇事物的刺激。換句話說，「無法超脫表層去深入探究」，會轉化為「無法真正了解一個人」——導致膚淺的表面關係以及不可避免的厭倦。

相較之下，當我們終於能夠花時間好好品讀，重新深入研究豐富的素材時，我們將會不斷發現更多細膩、幽微的差別，而且會在愈來愈高

75 Rabbi，猶太人中精通塔木德經的導師。

的層次上有所體會。一旦我們訓練了這些「肌肉」，我們也可以把它們應用在人際關係的經營上，我們將會更懂得如何與人深交。

沒有任何一個文本能讓你像面對另一個人那樣，看到那麼多面向，並且如此饒富深度與趣味。任何一個人對自己來說，都是一個完整的世界。你會發現，關於人，總有一些新的東西要了解。但是，我們需要練習才有辦法做到。了解我們對於我們大腦的運作做了什麼之後，我認為平心而論，現今社會中我們所觀察到的關係高度疏離現象，至少有部分原因，是由於我們不願意鍛煉那些深度學習的肌肉所導致的。

現在我們只需在小巧的智慧型手機上，就足以快速取得海量的內容那些源源不絕的文章、貼文、podcast、網絡研討會、課程、歌曲、電影和書籍，這些全部都觸手可及，但是這都無助於深度學習。法國哲學家伏爾泰曾經寫道：「大量的書籍讓我們變得無知。」

請注意，他是生活在十八世紀。當今的資訊量正以令人嘆為觀止的速度生成與傳播。二〇一〇年，時任Google執行長的艾瑞克・施密特

（Eric Schmidt）表示，人類每兩天所創造出來的資訊，比從文明誕生一直到二〇〇三年為止所創造的資訊還要多。

人們每天收到的訊息，比伏爾泰寫作時一生所接觸的訊息量還要大。然而伏爾泰的話實屬先見之明。他指出一種現象，亦即**當我們有這麼多的選擇，以及這麼多讓我們分心的來源時，我們就無法聚焦、無法集中心力、無法深入探究，也無法產生真正的學習**。

當我們有這麼多的選擇時，更難決定要去專注什麼。有一句古老格言說得一點也沒錯：「質勝於量」。如果你發現自己沉迷於網海之中無法自拔，請設下一些限制：規定自己只能使用一定的時間，或是瀏覽一定數量的文章，這樣就可以了。如果你沒有辦法收聽口袋名單上的每一個 podcast 節目，那麼固定收聽一個節目也是很好的。關鍵是要有所選擇，不要落入擔心錯過什麼的恐懼之中。秉持「少即是多」，才是學習的王道。

## 初學者之心

為了幫助你擁有智識上的幸福，我要力勸你放下手機，拿起一本書，停止這種「末日狂碌」（doomscrolling）的行為！事實上，我鼓勵你選擇一本需要長時間閱讀的巨作。英語教授瑪麗喬．蓋博（Marjorie Garber）是莎士比亞專家，數十年來一直在閱讀和教授莎士比亞。然而她說，每次讀莎士比亞時，她都會發現一些她以前沒有完全理解或是內化的東西。這就是偉大的文學作品能夠帶給我們的。

我為你做了規劃：請你拿起你一直想讀的那本好書開始閱讀——它可能已經在你的書架上，接著請你再重讀一遍，往更深的層次再探究一次。就我個人來說，我數不清自己已經讀過多少遍老子的《道德經》、瑪麗．安．伊文斯（Mary Ann Evans）的《米德爾馬契》（*Middlemarch*）以及亞里士多德的《尼各馬可倫理學》（*Nicomachean Ethic*）。

每次閱讀這些經典，都可以對我的生活帶來深遠的影響。每次重讀它們，都能讓我更能理解也更能深刻地欣賞這本書、這個世界，還有我自己。尤其是當我經歷困難的時候，這些不朽的經典總能為我提供穩定人心的錨。

好奇心和深度學習攜手滋養我們的智識幸福，並拓展我們的全人福祉。當你投入或是重新投入你的愛書時，請帶著初見面的心情——這種心態被稱為「初學者之心」（beginner's mind）。這屬於一種積極正念，通常和冥想有關。所謂初學者之心的基本特徵，就是充滿好奇心。禪師鈴木俊龍（Shunryu Suzuki）寫道：「在初學者的心中有很多的可能性，但在專家的心中可能性卻少之又少。」[76]

心理學家艾倫・南格（Ellen Langer）是我的導師之一，她多年來一直在研究進入這種維持好奇狀態的方法。她力勸我們「把新的差別拉出來」——留意我們以前沒有注意到的新東西，而對於那些我們認為自己

76 鈴木俊龍（Suzuki, S.），（2020年），《禪者的初心》（*Zen Mind, Beginner's Mind: Informal Talks on Zen Meditation and Practice*），香巴拉出版社（Shambhala）。

似乎很熟悉的東西，則要去觀察我們之前可能未曾注意到的細節。[77]

南格的研究告訴我們，**讓自己常保這種充滿好奇心的狀態，可以大大提升我們快樂的程度，也可以讓我們更健康，而且可以促進自尊與動力，並且提高我們的記憶力、學習能力以及創造力**。因此，在智識上保持這種開放與靈活的狀態，最能幫助我們克服障礙、從困難中成長。

可以肯定的是，學習不是只能透過閱讀的型式而已。我們與大自然的美麗互動：出去散步，真正觀察大自然蘊含些什麼；或是學著如何使用對你具有挑戰性的方式，讓你的身體動起來，凡此種種皆屬學習。在疫情封鎖期間，我花了一些時間多練習一些舞蹈動作。相信我，這不是你想看的畫面。

但事實上，這是我必須學習的，因為除了動到我的身體肌肉之外，我的認知肌肉也參與其中，這為我帶來很多好處，有助於我的智識幸福。在我的孩子們笑著看我跳舞時，也有助於他們的幸福，儘管我懷疑他們其實是在嘲笑我，而不是跟我一起笑……

無論你選擇透過什麼媒介來學習，可能是一本書、一件藝術品、一段舞蹈、自然世界或是任何其他東西，智識幸福最重要的元素，就是培養你深度參與的能力。

## 擁抱失敗

當你為了培養你的智識幸福，帶著好奇心深入探觸生命寶藏時，我希望還有兩件事可以發生在你身上。首先，**我希望你有更多失敗的經驗**。我真的認為你的失敗經驗還不夠。其次，**我希望你可以擁抱失敗**。很少人懂得珍惜失敗對於成功與幸福的重要性。

我可以想像父母親非常愛他們的孩子，不希望他們的孩子受到絲毫

77 南格，E.J.（Langer, E.J.），（2014年），《用心，讓你看見問題的核心：跨過分類思考、自動行為、單一觀點的局限思路》（*Mindfulness: 25th Anniversary Edition*），Da Capo Lifelong圖書出版社。

的傷害，所以他們決定永遠不讓孩子有機會跌倒。每當寶寶想要站起來邁出一步時，他們就會立即把他抱起來。畢竟，他們知道這樣他可能會跌倒，可能會傷到他自己，也可能會哭。但保護孩子不讓孩子跌倒，代價是什麼？孩子永遠學不會走路。

年幼的孩子根本不怕失敗，對他們來說，這是生活中很自然的一部分——這就是為什麼他們在摔倒之後，可以馬上再站起來；為什麼他們在學習如何寫自己的名字的過程中，可以享受塗鴉的樂趣；以及為什麼在他們學會如何使用餐具吃飯之前，他們會在地板上，還有他們的臉上，製造恐怖的髒亂。然而，隨著年齡增長以及自我意識增強，我們不再把精力集中在嘗試與再次嘗試上，而是專注於如何避免失敗，以及保持完美的形象。

失敗對於學習與成長非常重要。加州大學戴維斯分校的心理學家迪恩·西蒙頓（Dean Simonton）研究了許多歷史上最偉大的藝術家和科學家，包括莫扎特、莎士比亞、亞伯特·愛因斯坦以及瑪麗·居里。他發現，所有這些有遠見的人都有一個共同點，就是他們失敗的次數比大多數人多得多。[78]

湯瑪斯．愛迪生（Thomas Edison）是有史以來最有創造力與生產力的發明家之一，他有一千零九十三項發明申請了專利，其中包括燈泡、錄音系統還有電池。在愛迪生還在研究他的電池，嘗試讓電池發電時，有一位記者來採訪他，詢問進展。這個記者表示，愛迪生在這個計劃上已經做了很長的時間，建議他可以把注意力轉到其他的發明上了，因為他已經失敗了一萬次。愛迪生回答說：「我還沒有失敗，我只是找出一萬種行不通的方法。」

愛迪生最著名的名言之一，就是「我從失敗中走向成功」。所以，沒錯，湯瑪斯．愛迪生在名人堂中占有一席之地確實是實至名歸。但是，在失敗名人堂中他也應該有顯赫的地位。成就最高的人往往也最常

78 西蒙頓，D.（Simonton, D.），（1999年），《天才的源起：創造力的進化觀點》（*Origins of Genius: Darwinian Perspectives on Creativity*），牛津大學出版社（Oxford University Press）。

失敗，這並非巧合。

大多數的美國人都認識貝比・魯斯（Babe Ruth），因為他是有史以來最偉大的棒球運動員之一。幾十年來，他一直保持最高全壘打數的記錄：在他的大聯盟職業生涯中，總共擊出七百一十四支全壘打。然而，儘管他是一個不可思議的打擊手，但有一個鮮為人知的事實，那就是魯斯曾經連續五年在三振出局數上，位居聯盟榜首。換句話說，就像愛迪生一樣，他的命中率和失誤率都很突出。

這對我們有什麼意義？有很多研究強調樂觀以及對成功說「yes」的重要性。對新的想法說「yes」，對可能性說「yes」，對機會說「yes」，這些都是蓬勃發展的基礎。但是要在這個基礎上有更多的發展，另一個類似於「yes」的英文字非常關鍵，那就是「yet」還沒有，這個英文字。[79]是的，我相信我可以發明一種新的電池。我已經進行了數千次的實驗，只不過我「**還沒有**」找到解決方案。是的，我可以開創一家蓬勃發展的企業。只不過，它「**還沒有**」賺錢。沒錯，我想在政治上有一番作為。只不過我**「還沒有」**選上公職。「Yes」這個字**讓我們願意開始出發；而「Yet」這個字則讓我們有動力保持前進，努力，再努力。**雖然我們永遠無法保證成功的到來，但yet這個字讓我們可以由破而立，從脆弱蛻變為反脆弱。

借用西奧多．羅斯福（Theodore Roosevelt）的話：

> 榮耀不是歸於指責者：不是歸於那些指出強者為何失足，或者指出行動家在哪些地方可以做得更好的人。榮耀是屬於真正站在競技場上的人……他們失手，一次又一次失敗，因為沒有任何努力不帶有失誤與不足……他們知道，最佳的結局是，最後贏得最高勝利，而最壞的情況是，即使他失敗了，至少曾經放手一搏，雖敗猶榮。[80]

---

79 杜維克，C.（Dweck, C.），（2005年），《心態致勝：全心成功心理學》（*Mindset: The New Psychology of Success*），百齡壇圖書出版公司（Ballantine Book），中文版：天下文化。

80 羅斯福，T.（Roosevelt, T.），〈共和國公民：競技場上的人〉（Citizenship in a Republic: The man in the Arena），《*Leadership Now*》，leadershipnow.com/tr-citizenship.html，2020年10月27日造訪查詢。

## 米開朗基羅的大衛像

幾年前，我在倫敦參觀了一個以米開朗基羅作品為主題的特覽。在那之前，我曾經親眼見識到米開朗基羅著名的大理石雕像大衛，那時候我正在這座雕像的故鄉義大利佛羅倫斯度假。

站在那座大理石雕像前，我發現它的美麗令人震懾，也看見米開朗基羅的天分嶄露無遺。倫敦的展覽與佛羅倫斯的展覽截然不同。倫敦展並沒有展出這位藝術家最著名的作品，而是展出為他帶來這件曠世巨作的草稿：造就大衛雕像的大量草圖。

有一組大衛手臂的草圖，讓我印象非常深刻，我到現在都還記得。那是關於手臂的繪圖，總共有幾十張，一張接著一張。第一張圖在我看來，已經很完美，我多希望自己能畫得出這樣的圖。但顯然，米開朗基羅對他畫的第一張手稿並不滿意，對第十張也是一樣。他覺得他還沒有準備好。

由於當時沒有電腦技術可以幫助他加快速度，因此他不得不一次又一次地畫出手臂圖稿，直到他滿意為止。米開朗基羅嘗試了數十次，才繪製出那張被當作大衛手臂基礎的草圖。

## 培養容錯力

我們有多少人認為自己是完美主義者？完美主義者會對自己吹毛求疵，貶抑犯錯，而且對失敗避之唯恐不及。沒有人喜歡犯錯或失誤，但是不喜歡失敗和強烈害怕失敗，兩者之間是有區別的。如果我們不喜歡失敗，我們必然會採取預防措施，而且會加倍努力。

而另一方面，強烈的恐懼則會使我們癱瘓，而且會阻礙我們去嘗試。我們為了這種癱瘓狀態所付出的代價是非常高的。當我們甘冒風險放手一搏時，我們要承擔失敗的風險；但是當我們連試都沒有試一下，我們保證會失敗。

此外，嘗試後失敗對我們來說可能是一個墊腳石，是一個學習和成長的機會。相反地，因為不曾嘗試而失敗，對我們來說，則是絆腳石，會讓我們更上一層樓的機會變得更渺茫。

工作面試時，應徵者經常被問到：「那麼，請告訴我你最大的弱點」。他們會說：「哦，我的弱點就是我是一個完美主義者。」我們被教導說出這個答案，以展現「我是很負責任、很可靠的，你可以相信我能夠勝任這份工作。」我們認為這些特質是隱藏的優勢。但是完美主義也有陰暗面——對於失敗的強烈恐懼會滲透到我們生活的各個層面，這是我們需要克服的。

完美主義對我們生活的許多面向都會造成傷害。對我來說，我因此在人際關係上付出慘痛的代價。由於完美主義者不喜歡犯錯，因此每當我的伴侶或是朋友，指出任何我認為是個人缺點的事情時，我都會自我防禦。在爭論中，我會不自覺地想，甚至有時會說：「我沒有錯！錯的是你！」多年來，隨著我學會更富有同理心，更能接受缺陷和失敗——將自己視為一個平凡人，我對他人的態度也因此變得更加開放。

解決的辦法是接納自己的不完美與更加寬容。**自我同情與對他人富有同情心，同樣重要。**[81] 當你能夠對自己更加寬容時，你的胸襟會更開闊，因此更能從錯誤中吸取教訓，並且能在未來做出更好的決定。即使失敗很痛苦，即使偏離心中的那把尺可能很具有挑戰性，但它是這個過程的重要組成部分。**當你能夠接納失敗而不是去批判不完美，寬容錯誤而不是指責缺陷時，你會發現更多的成功與快樂。**

---

81 聶夫，K.（Neff, K.），（2011年），《寬容，讓自己更好：接受不完美的心理練習》（*Self-Compassion: The Proven Power of Being Kind to yourself*），威廉莫羅出版社（William Morrow）。

## 成長心態

有另一種方法可以消除我們對於犯錯的恐懼，那就是培養成長心態（growth mindset）。[82]成長心態是相信我們有能力做出改變，無論是關於我們的心理技能、繪畫能力、投籃能力、做生意的能力還是談戀愛的能力，我們都相信我們的能力具有可塑性，我們是有辦法提升能力的。相反地，固定心態（fixed mindset）則是相信我們要麼天生就有某種能力，要麼天生就沒這種能力。我們要麼天生聰明，要麼天生魯鈍。我們要麼生來具有天賦，要麼天生資質不足。我們的關係要麼如膠似漆，要麼覆水難收。固定心態沒有進化的空間可言。

你的心態如何才能變得更具有成長導向？有一種作法是重視過程而不是結果，重視努力而不是產出。如果你把焦點放在努力上，並且慶祝努力的過程——包括一路上遭逢的失敗，比起你把主要的關注點放在最終的結果，前者將更有可能創造一種成長心態。我們可以觀察到成長心態與固定心態的差異，從孩子很小時就已經出現了。

因此，為了鼓勵孩子發展成長心態，請改變你讚美的對象。不要強調結果有多輝煌，或是成就有多高；而是把焦點放在努力上。

我有三個孩子，和他們三個相處時，我刻意對結果輕描淡寫。當他們把好成績帶回家時，我不會說「我很高興你拿到A」或是「你真聰明！」

我會說：「我真的很高興你能夠理解這些教材，你投入時間並且學到了東西。」當他們帶回來的成績不佳時，我不會關注結果，而是關注他們學到了什麼以及如何進一步學習，我把重點放在孩子們努力學習以及過程上。

為人父母者，最重要的是以身作則。跟你的孩子分享你的失敗經驗，告訴他們你是如何從這些失敗中汲取教訓。波士頓愛樂樂團青年管

82 杜維克，C.（Dweck, C.），（2005年），《心態致勝：全心成功心理學》（*Mindset: The New Psychology of Success*），百齡壇圖書出版公司（Ballantine Book）。

弦樂團（Boston Philharmonic Youth Orchestra）的管弦樂指揮班傑明．山德爾（Benjamin Zander）有一段精彩的影片，他在影片中教一個青少年如何演奏大提琴。山德爾有一項原則，每次他的學生犯錯時，他都會說：「太迷人了。」錯誤值得慶祝，因為每一個錯誤都是一次學習的機會。

## 心理安全感的力量

我們要如何幫助我們的親人、同事或是其他人學習、成長，並且變得更具有反脆弱性呢？哈佛商學院的艾美．艾德蒙森（Amy Edmondson）的研究為我們介紹了心理安全感的概念。[83]所謂的心理安全感，就是個人在組織或團體中感受到一種安全感，知道失敗是可以被接受的。

例如，假設我是一個團隊的成員，我感受到如果我犯了錯，或是承認我不知道某些事物，在這裡是可以被接受的，而且感受到這裡是允許失敗的，不會有被排除在外的威脅，那麼這個團隊就是有心理安全感的團隊。大多數的組織並沒有給員工心理安全感，或是提供足夠的失敗機會。然而，那些確實做到供給充足心理安全感的組織，將擁有最快樂且最有效率的員工。

Google是當今世界上最受歡迎的雇主之一，因此在那裡工作的人通常表現出色。然而，在Google內部，儘管有些團隊的生產力和創新能力非常強，但有些團隊卻不那麼具有創新力。最近，Google進行了一些研究，來找出是什麼原因讓那些最佳團隊鶴立雞群。蒐集資料一直是Google的強項，[84]他們發現那些頂尖團隊的心理安全感比較高。這些

---

83 艾德蒙森，A.（Edmondson, A.），（1999年），〈工作團隊中的心理安全與學習行為〉（*Psychological Safety and Learning Behavior in Work Teams*），《行政科學季刊》（*Administrative Science Quarterly*），第44卷，第2期，頁350。

84 迪利索納，L.（Delizonna, L.），（2017年），〈高績效團隊需要心理安全感：告訴你創建心理安全感的方法〉（*High Performing Team Need Psychological Safety. Here's How to Create It*），《哈佛商業評論》（*Harvard Business Review*）。

團隊的成員知道他們是可以失敗的，也因此他們更願意放手進行實驗和創新。

這是否意味我們永遠需要提供失敗這個選項？做為經理或父母，你應該對失敗完全不設限嗎？當然不是。首先，當失敗會帶來危險時，設定界限是非常重要的。

舉例來說，這就是為什麼我們會引導孩子，只要涉及電源插座，某些事是不能做的，而不是鼓勵他們先嘗試，再透過反覆試驗來學習。其次，唯有當我們願意從經驗中學習，失敗才有價值。

讓我跟你分享一個嬌生公司（Johnson & Johnson）充滿傳奇色彩的前執行長詹姆斯·伯克（James Burke）的小故事。[85]在伯克的職業生涯的早期，那時是一九五〇年代，當時的他是一位正嶄露頭角的年輕經理。他才剛剛推出了一個新的兒童產品系列，結果卻是個「巨大的敗筆！」公司因此損失了很多錢。

在這個爆炸事件之後，他被邀請去會見執行長羅伯特·伍德·強生二世將軍（General Robert Wood Johnson II）本人。邊走進老闆的辦公室時，伯克心想他應該要被解雇了。

然而強生卻站起來，伸出手向他表示恭喜。伯克被嚇到了，他不知道現在是怎麼一回事。強生將軍接著向伯克解釋說，唯有透過嘗試與犯錯，你才能學會如何做生意。只要你能反思並應用你從錯誤中所學到的，那麼犯錯完全是可以被接受的。

詹姆斯．伯克不但沒有被解雇，後來還成為嬌生公司非常成功的執行長。在他任內，見證了公司如何度過最艱困的時期，同時為公司帶來令人難以置信的成長，他因此而備受尊崇。伯克的旅程證明了心理安全感的重要性——**允許犯錯的空間如何成功培養反脆弱性，以及釋放我們成長潛力的空間**。

---

85 凱莉，A.（Kelly, A.），（2017年），〈詹姆斯．伯克：獲得總統自由勳章的嬌生公司CEO〉（James Burke: The Johnson &Johnson CEO Who Earned a Presidential Medal of Freedom），《jnj.com》（Johnson & Johnson官網），jnj.com/our-heritage/james-burke johnson-johnson-ceo-who-earned-presidential-medal-of-freedom，2020年11月25日造訪查詢。

正如我們研究幸福學的重點，不在於鑽研如何到達最終的目的地，重要的是探究如何變得更幸福的過程，同樣地追求智識上的幸福，也不是為了確定最終答案，它的真正價值在於過程中的探索、發現與學習。才華洋溢的德國詩人萊納・瑪麗亞・里爾克（Rainer Maria Rilke）告誡自己還有他的讀者，要關注的是問題而不是答案，要注重的是過程而不是結果。在他的書《給青年詩人的信》（*Letters to a Young Poet*）中，里爾克寫道：

> 對你心中所有懸而未決的問題要有耐心，請試著去愛這些問題本身……現在就讓問題留在那兒。未來也許你會逐漸地，在沒有注意到它的情況下，在遙遠的某一天，遇到答案。[86]

所以，我要誠摯奉勸你：對於不確定性，請你耐心以對。請你勇敢提問，挖掘你與生俱來的好奇心。深入參與豐富的文本；選擇一兩本好書，沉浸其中。你可以一讀再讀，發揮你在深度學習方面的潛力，透過這樣的練習在其他領域取得成功與幸福。請你放下對完美的堅持，允許自己跌倒，只要重新站起來就好。

先學會如何失敗，不然你就學不會。此外，別無他法。

86 里爾克，R. M.（Rilke, R. M.），（1993年），《給青年詩人的信》（*Letters to a Young Poet*），W.W. 諾頓公司（W.W. Norton & Company）。

SPIRE檢核

## 智識上的幸福

請把焦點放在智識幸福上，完成SPIRE檢核的三個步驟：打分數、說明和對症下藥。首先請你反思以下的問題：

- 你有在學習新東西嗎？
- 你問的問題夠多嗎？
- 你有進行深度學習嗎？
- 你失敗得夠多嗎？

根據你的反思，確認你在智識層面感受到何種程度的幸福感，然後幫自己打分數。請你從一到十給分，一分代表幸福感很低，或是很少體驗到幸福的感覺，而十分則代表很幸福，或是常常有幸福的感覺。分數打好之後，請你用書面形式說明你為自己打這個分數的原因。然後，請你對症下藥，替自己開立處方箋，一開始只需設定讓你的分數增加一分就好。

你可以這樣做，像是：多問自己和他人一些問題；拿起一本你覺得很有價值的書，慢慢地重讀一回；對於失敗，勇於多去嘗試一點。當你做到的時候，為你自己還有失敗本身歡呼一下。請你每週確認一次自己的狀態。

第四章

# Relational 關係上的幸福

## 允許自己當個普通人，從自我出發的給予

放心吧，讓衝突與正向性、了解與被了解、傾聽與表達、為他人付出與為自己付出，同時並存。

友誼可以讓歡樂加倍，悲傷減半。

——法蘭西斯·培根（Francis Bacon）

幸福的最佳預測指標是什麼？這個簡單的問題從將近一個世紀以來所收集到的數據來看，顯得格外重要。哈佛大學的研究人員從一九三〇年代後期，便開始進行一項大型的長期研究，這項研究至今仍在持續進行。[87]他們歷經幾個世代追蹤兩個群體：一大群學生和來自相鄰城市的成員。研究人員透過問卷調查、訪談、生理評估以及環境測量，對參與者的生命歷程進行研究。幾十年過去，收集了數百萬筆的數據後，研究人員進行事實分析，以找出幸福人生最重要的組成要素。

他們發現了什麼？正如你所猜測的，幸福人生最重要的組成要素不是金錢或榮譽，也不是物質上的成功或聲望。根據這項研究，**幸福的首要預測指標是人際關係——特別是，擁有社會支持的親密關係**。

在這種幸福關係的加持下，美好時光變得更加美好，而且可以指引我們度過難關。這項研究還發現了一個很有趣的重點，那就是美好關係的對象是誰並不重要。

對某些人來說，對象可能是他們的愛侶或是最好的朋友，對另一些人來說，對象可能是他們大家庭中的成員或是在工作上建立的緊密互動。健康的人際關係並不是影響幸福的唯一重要因素，但卻是最重要的因素。

研究人員在這項研究中提出了另一個問題：什麼是健康的最佳預測指標？當然，我們的身體健康取決於許多因素，但這些因素中哪一個最

---

87 瓦爾丁格，R.（Waldinger, R.），（2015年），〈是什麼造就了美好的生活？從歷時最久的幸福研究中所獲得的啟示〉（*What Makes a Good Life? Lessons from the Longest Study on Happiness*），《ted.com》，https://www.ted.com/talks/robert_waldinger_what_makes_a_good_life_lessons_from_the_longest_study_on_happiness，2020年10月27日造訪查詢。

重要？你又猜到了：就是人際關係。

**親密關係是健康和幸福的預測指標**。親密關係很重要似乎顯而易見，但我們卻又很容易把我們擁有的關係視為理所當然，而不會在關係的經營上進行太多的投資，或者長久以往愈來愈不會把關係的經營擺在優先的位置。

雖然我們大多數的人常常會聲稱家庭關係或是友誼，是我們生活中最重要的事情，但是我們為了培養這些關係而付出的努力，卻往往和聲稱的重要性不相稱。

當我們縱觀全球幸福水準時，我們同樣看到社交關係影響幸福的證據。[88] 愈來愈多的國家開始把國民幸福指數（gross national happiness，GNH）視為一種衡量國民健康的標準，類似傳統的經濟健康衡量指標——國民生產毛額（gross national product，GNP）以及國內生產毛額（gross domestic product，GDP）。

儘管美國是世界上最富有的國家，但是美國並未擁有世界上最幸福的人民。中國、日本、新加坡、韓國、德國或英國也沒有最幸福的人民，儘管他們在物質上都是富裕的國家。那麼，世界上哪些地方的人民最幸福呢？哥倫比亞、丹麥、挪威、哥斯達黎加、以色列以及澳洲等國家一直名列前茅。

但是，為什麼這些地方——例如以色列或哥倫比亞，明明遭遇了眾多的挑戰，還能如此幸福呢？原因之一：人際關係。這些國家都非常強調社會連結與社會支持，像是穩固的家庭關係或是與社區團結一心的感覺。舉例來說，有九三％的丹麥人都是社交俱樂部的活躍成員。

他們會有一個可以固定和朋友互動的地方，他們在那裡可以彼此相互支持。而在以色列和哥倫比亞，大家認為與家人共處的時光是非常重要的，甚至是神聖的。

---

88 海利威爾，J.（Helliwell, J.）、拉亞德，R.（Layard, R.）和薩斯，J.（Sachs, J.），（2019年）。《世界幸福報告》（World Happiness Report），https://worldhappiness.report/ed /2019/，2019年 8月23日造訪查詢。

「沒有人是一座孤島」，詩人約翰．多恩（John Donne）曾這樣寫。我們對於陪伴的需求，就像我們對於水和食物的需求一樣真實。我並不是說親密關係會帶我們走進烏托邦，或者最好的關係都是完美的。親密的關係也可能面臨挑戰，尤其是在大流行病期間，更多人有更多時間待在家裡，挑戰更容易發生。當我們在同一個屋簷下，日復一日與同樣的幾個人關在一起時，就會產生一些摩擦。

在本章中，我們將討論這些衝突的重要性，以及我們該如何克服，還有如何從這些挑戰中變得更為強大。我們同時將著眼於當我們必須分隔兩地時，友誼如何維持下去——當社交距離成為現實，而社會孤立逐漸演變為常態時，關係如何才能蓬勃發展？即使是在失序的時候，我也希望提供你一些簡單的策略，你可以依循這些策略來改善你的任何關係，無論對象是你的親密伴侶、家人、同事還是朋友，都可以適用。

## 深厚的關係

在我們蛻變出反脆弱性的過程中——亦即從逆境中變得更堅強的能力，深刻而有意義的親密關係發揮了至關重要的作用。然而，在隔離、封鎖以及必須保持社交距離的世界中，我們要培養這樣的關係是非常具有挑戰性的。我們關心的是真正的互動連結，線上互動很難替代真實的互動。

甚至早在冠狀病毒危機之前，我們就已經花了太多時間在社交媒體上，我們為此付出的代價也非常高昂。紐約大學社會學家艾瑞克·克林南柏格（Eric Klinenberg）指出：「線上互動（相對於面對面互動）的比例越高，你就愈孤獨。」[89]

89 克林南柏格，E.（Klinenberg, E.），（2013年），《獨居時代：一個人住，因為我可以》（*Going Solo: The Extraordinary Rise and Surprising Appeal of Living Alone*），企鵝圖書出版公司（Penguin Books）。

正如你所料，孤獨會侵蝕健康與幸福。除此之外，它還會扯上憂鬱症、心臟病以及較差的免疫系統。線上互動固然很吸引人，但我們有時需要中斷連線才能建立人與人之間的連結。就像很多事情一樣，適度使用社交媒體是最好的。

在社交媒體上花二十分鐘，你可能覺得很有趣；但是每天在社交媒體上花三個小時，則會讓你更容易感到孤獨。你可以試著安排一些關閉螢幕的時段，以及在家中空出一塊沒有科技設備的區域：規定家人一起坐在客廳時，不准使用電腦，或是餐桌上不准使用手機等等。

減少科技產品的使用對於下一代來說，絕對非常重要。聖地牙哥州立大學教授珍・特溫格（Jean Twenge）對青少年的心理健康水準進行了一項廣泛的研究。[90]她的研究結果令人感到恐懼。從二〇一二年到二〇一七年，青少年的孤獨感提高了將近三〇％。憂鬱症增加了三〇％以上。自殺率也上升了超過三〇％。

這一切都發生在短短的五年內，構成了前所未見的巨大改變。但問題是，為什麼會這樣呢？為什麼憂鬱、孤獨和自殺率在這麼短的時間內，如此顯著地上升？特溫格將數據進行爬梳，試圖找出罪魁禍首：智慧型手機的興起。孩子們盯著看的是他們的設備，而不是坐在他們旁邊的人，他們掛在網上的時間比，和他們在現實生活中關心的人，所相處的時間還要多得多。

基於像是艾瑞克·克林南柏格對於成人以及珍·特溫格對於青少年的研究，過去每當有人問我如何培養人際關係的幸福感時，我的回答簡單明確：離開社群媒體，出去跟人交往。但這是在COVID-19之前的建議。現在情況不同了，對我們許多人來說，我們不再擁有在虛擬關係與面對面接觸之間，兩者擇一的奢侈選擇。

我們被關在家裡，盡最大的努力保持距離，受限於物理上的隔離。

---

90 特溫格，J.（Twenge, J.），（2017年），〈青少年心理健康過去五年來持續惡化，可能有罪魁禍首〉（*With Teen Mental Health Deteriorating over Five Years, There's a Likely Culprit*），《對話》（*The Conversation*）。

在這個新世界中，我們必須放棄不再適用於我們的標準，並提出一些新的準則。我們現在要考慮的不是虛擬或實體的接觸，我們必須要考慮的是表面或深層的接觸。

即使是在虛擬現實中，也可能經營出深度關係。就我個人來說，當時由於新冠肺炎來襲，因此我所任教的哥倫比亞大學將實體課程轉成線上進行，當下的我非常失落。

畢竟我先前花了一個多月以及眾多長達兩小時的單元，才看到我的幸福研究課開始發生神奇的轉變——從表面的學術討論轉化成深入的心理對話。若將這一切轉成線上課程，我很擔心這種近乎魔法的轉化會忽然消失。起先確實是這樣，然而，令我驚訝的是，才幾節課後，螢幕就不再是阻擋親密關係的障礙了。

踏入這個新的虛擬領域一開始的步伐的確不太穩，所幸一旦有一個學生決定率先破冰，接著又有人跟進分享他們的想法和內心時，其他人便會陸續提供支持，緊接著進入深層的互動。我們一起發現，親密的關係與深度的互動在網路上是可能實現的。

在一個失去許多舊結構的世界——工作與家庭、空間與時間之間的界限正在瓦解——我們需要建立一些新的結構。也許在這個新的生活常態中最重要的結構，就是定期留下一些時間進行深入、有意義、發自內心的對話。理想情況下，這些連結應該是面對面進行的——一起在同一個家裡，或是在同一家餐廳裡——和我們關心的人以及關心我們的人在一起，共度美好的時光。

當我們不可能碰面時，我們可以利用科技來彌補，無論我們身在何處，都可以培養有意義的關係。正如深度學習對於智識幸福至關重要一樣，深度對話對於幸福的人際關係也是不可或缺的。無論你是跟朋友透過視訊來一場約會，還是只是在電話中聽到彼此的聲音，都很好，重點是花時間真正建立彼此的連結——敞開心扉分享、傾聽和支持。

# 培養同理心

自從社交媒體出現以來，受到重大影響的不是只有我們的心理健康而已，連帶地我們的同理心也受到極大影響。社會心理學家薩拉．康拉特（Sara Konrath）比較了幾個世代的人的同理心水準，發現時至今日平均二十歲群體的同理心水準，比起二十年前的二十歲世代人的同理心低了四〇％。[91]同樣地，英國的一項研究發現，在過去二十年中，高中生的反社會行為已經翻倍成長。換句話說，同情心明顯下降，隨之而來的是霸凌行為明顯上升。

同理心——能夠理解和認同他人的感受，是一種道德情操。人類正是因為有同理心所以能夠彼此連結，而當我們的同理能力下降時，預示著整個社會將出現問題。[92]為什麼同理心水準會下降？主要原因之一，是因為我們比較不常進行真實而深入的互動。

有鑑於同理心水準下降，呼籲學校開設同理心教育課程的呼聲比比皆是，雖然這是朝著正確方向邁進的一步，但只有這樣還不夠。假設我想學習說越南語，於是我去報名上課，雖然這麼做我的越南語能力肯定會變好，但是如果我實際去越南，沉浸在說這種語言的文化中，我會進步得更快。

學習「同理心的語言」也是如此，我們可以透過閱讀或上課，來了解設身處地為他人著想的重要性。我可能會閱讀亞當・史密斯（Adam Smith）的《道德情操論》（*The Theory of Moral Sentiments*），或者上一堂關於烏班圖（Ubuntu）的課程做為道德建構的基礎。但是更有效的方法，是讓自己沉浸在「說著」同理心這種語言的地方。

---

91 康拉特，S. H.（Konrath, S. H.）、歐布倫，E. H.（O'Brien, E. H.）和辛，C.（Hsing, C.），（2010年），〈美國大學生將心比心的能力隨時間的變化：一項整合分析〉（*Changes in Dispositional Empathy in American College Students Over Time: A Meta-Analysis*），《人格與社會心理學評論》（*Personality and Social Psychology Review*），第15卷，第2期，頁180-198。

92 霍夫曼，M. L.（Hoffman, M. L.），（2001年），《同理心與道德發展：關愛與正義的意義》（*Empathy and Moral Development: Implications for Caring and Justice*），劍橋大學出版社（Cambridge University Press）。

也就是說，去到任何一個可以跟其他人面對面交流的地方。唯有透過直接的互動，我們才能感知其他人可能正在經歷和感受的事。那是我們可以和某人一起笑的時候，那是我們可以一起哭泣的時候。我們在互動中可能會做錯事而傷害某人，並因此受到他們的反應影響。同理心就是如此發展出來的。

理想上，這些互動發生在孩子們肩並肩玩耍的時候，或者我們在學校或工作中坐在一起的時候，而不受任何網路或現代媒體設備的影響。然而如果我們現在別無選擇，那麼我們只好用虛擬的方式進行互動，這也是行得通的。

當我被困在家裡時，我看到了一絲希望，那就是這樣的處境教會我珍惜與家人還有朋友之間的關係，還有珍惜彼此互在眼前的時刻。我猜想有許多人也是如此。我希望當面對面的互動能夠再度成為我們的日常時，前面所說的這種珍惜的心情，會轉化成願意花更多的時間進行親密的互動。

當我們與其他人密切互動時，無論是與我們所愛的人還是與我們剛遇到的陌生人，我們都會產生更多的同理心、會更善良還有更有同情心，而且能夠享受更高層次的身體以及心理的幸福感。我們會變得更有道德感、更慷慨、更健康、更快樂。

## 手心向下的神奇力量

當我們身處於比以往任何時候都更加孤立的年代，我們還能如何有意義地加強我們的人際關係？無論你面臨什麼樣的處境，如果你想要變得更有同理心，想要減輕孤單的感覺，最好的方法之一就是付出。

英屬哥倫比亞大學和哈佛商學院曾經進行一項聯合研究，研究人員在研究中證實了付出的神奇力量。[93] 在研究的第一個部分，研究人員引

93 鄧恩，E.（Dunn, E.）和諾頓，M.（Norton, M.），（2013年），《快樂錢：買家和賣家必看的金錢心理學》（*Happy Money: The Science of Happier Spending*），西蒙與舒斯特出版公司（Simon & Schuster）。

進一群人並測量他們的幸福程度。然後給他們每個人一大筆錢，告訴他們把錢花在自己的身上。於是，受試者開始瘋狂購物。之後研究人員再次測量他們的幸福水準。你覺得他們發現了什麼？

由於去購物，因此受試者的幸福水準顯著上升。研究繼續進行，一天之後，他們把參與者帶回實驗室。他們再次測量受試者的幸福程度，二十四小時後，幸福程度又回到了原來的水準。換句話說，受試者在購物後經歷了幸福的高點，然後很快就恢復到以前的狀態。所以，這項研究得出的結論是我們需要每天去購物，是嗎？那可不見得。

在研究的第二個部分，研究人員隨機選出一組不同的人，並測量他們的幸福程度。研究人員給了這群人同樣金額的錢，並告訴他們出去花錢。只不過這一次，參與者必須把錢花在別人身上。參與者隨後回到實驗室，再次接受幸福感測量。他們的幸福感上升的程度與最初的那組受試者一樣高。

第二天，研究人員再次測量這組受試者的幸福程度。結果他們發現儘管幸福程度確實下降了一些，但是這些贈與者的幸福程度仍然明顯高於原本的水準。即使在事件發生一個星期之後，捐贈行為仍持續產生有益的影響。

**當我們為他人付出時，我們自己也有所獲得。大量研究顯示，付出不僅是增加幸福感的最佳方式之一，也是一種增加自信的絕佳方法。**付出可以讓我們從充滿無助感，變成樂於助人，進而從絕望變成充滿希望。悲傷和憂鬱的區別在於，憂鬱是沒有希望的悲傷。付出為我們帶來希望。當你變得更有希望時，你會變得更有能力、更快樂，最終也會更成功。

英語是我的第二語言；我的母語是希伯來語。在希伯來語中，我最喜歡的字是代表付出的字「natan」（נתן）。看著這個字，無論是從希伯來字母還是羅馬字母來看，你是否注意到它有什麼不尋常的地方？這是一個順讀和倒讀都一樣的回文。

這個字的組成是對稱的，從右到左讀和從左到右讀，都是一樣的。

這可不是巧合，許多古代語言中蘊含著很多智慧。就natan這個字而言，研究清楚顯示，當我們付出時，我們就會有所得，而且常常帶有利息。培養牢固、親密關係的最佳方法之一，就是抱著付出的心態與心意，來發展這樣的關係。

我們能給予別人什麼東西？任何東西都可以。年僅十三歲的安妮．弗蘭克（Anne Frank）在她的日記中寫道：「你總是可以給予一些東西，就算只是釋出善意而已。」當我們自動自發地為我們的伴侶做一些家事，或者給朋友一個驚喜，我們都是在給予。主動聆聽我們的孩子傾訴，是一種給予，跟同事分享資訊也是一樣。

正如我們將在第五章看到的，**最有效的幸福干預方式之一**，**就是表達感謝**。當你將感謝表達給另一個人——感謝這個人，你就是在給予。此時你表現出你的善良、你的慷慨。當我們付出時，我們不僅增加了別人的幸福感，我們同時也增加了自己的幸福感。

## 那天算是逝去了

筆名喬治·艾略特（George Eliot）的十九世紀作家瑪麗·安·艾凡斯（Mary Ann Evans）寫了許多精彩的著作，包括一些優美的詩歌——也許最著名的作品是《米德鎮的春天》（*Middlemarch*）。〈那天算是逝去了〉（*Count That Day Lost*）是她的一首詩，描述的是付出的重要性。

**那天算是逝去了** Count That Day Lost

如果你在落日時分坐下
回想一天的作為
一邊數算，你會發現

一個無私的舉動，一句話
都會在聞者心中留下安慰
最親切的一個眼神
就像和煦陽光灑落所到之處——
這樣這一天就算沒有虛度
但是如果，過了漫長的一天
你沒有鼓舞任何心靈，不管是不是——
如果回顧一整天
你沒有做過任何讓你值得回味的事
沒有讓陽光在別人的臉龐閃耀——
甚至連最小的付出都沒有
不用付出什麼代價就可以幫助別人——
那麼這一天可說是白費了，比逝去一天還糟糕根據艾凡斯的說法，在我們把陽光帶給另一個人的一天，我們帶來了善良、慷慨和愛，這是我們「好好善用的一天」。**如果我們一整天都沒有為別人的生命留下正面的影響，那麼這一天我們便過得「比失去這一天還要糟糕」**。

現在想像一下，假如付出是我們用來衡量生活水準的貨幣。如果我們衡量自己在慷慨和善良方面表現如何，是用我們散播歡樂的程度來衡量的話，這個世界將會變得更美好。不僅從受益於我們善行的人的角度來看是如此，從我們的角度來看，也是如此。

然而，我們應該付出、付出、付出，持續不斷地付出嗎？如果你是那種急於照顧身邊每一個人的人，但你本身已疲乏困頓，甚至瀕臨精力耗盡的邊緣，那麼請注意，你可能已經付出太多。賓州大學教授心理學家亞當．格蘭特（Adam Grant）主持了一項研究，針對人們在工作場所不同的做法進行研究。格蘭特與他的同事一起歸類出三大類的人：給予者（givers）、收割者（receivers）以及互惠者（matchers）。[94]

這三大類人顧名思義，給予者指的是那些無償付出時間、精力以及專業知識的人。他們是好員工，也是樂於助人的員工。接著是收割者，不管給予者提供了什麼，收割者都急於收割——一言以蔽之，他們就是這樣的人。他們尋求協助，卻不願意對其他人提供同樣的協助。最後是互惠者，互惠者有一種交換條件的哲學——他們願意為他人付出的程度，和他們認為自己得到的一樣多——而且不樂見他人所得到的，比他們「應得的」還要多。

從管理的角度來看，你會希望你的組織裡有給予型的人。你需要那些慷慨的員工，他們願意教導、幫助他人，他們願意為團隊服務、關心組織。然而換個角度想，從給予型員工的個人角度來看，扮演給予者對於他們本身意味著什麼？如果你關心的是長期的成功，那麼在公司裡扮演哪一種角色對你來說，會比較好呢？付出真的會讓你更成功嗎？還是當個互惠者會比較好呢，因為它看似最公平？或者你急於求成，選擇走收割這條路行得通嗎？

這些是格蘭特和他的同事要處理的問題，他們設法把組織裡的員工按照三種績效等級進行分組——績效頂尖、中等以及墊底。哪一類員工的績效表現往往是最好的？事實證明，組織中最成功的人很可能是那些給予者。他們成功的比例高得不可思議。收割者和互惠者則落在中間，那麼……剩下的是誰？哪類人的績效墊底？答案是：給予者！這個結論令人感到驚訝——**付出者既可能比收割者或互惠者還要有可能成為表現最好的人，同時也更有可能是表現最差的人。**

你要如何區分績效頂尖的給予者和績效墊底的給予者呢？他們之間的主要區別在於，**表現最好的給予者也會「為自己付出」**。然而，**落在績效最差的那個族群的付出者，往往忘記他們自己——他們的付出已然到達油盡燈枯的地步，卻忘了滿足自己的需求。**為了永續發展，他們也

---

94 格蘭特，A.（Grant, A.），（2014年），《給予：華頓商學院最啟發人心的一堂課》（*Give and Take: Why Helping Others Drives Our Success*），企鵝圖書出版（Penguin Books）。

需要拉自己一把。這樣的研究發現讓人聯想到，在飛機航行時，經常聽到的安全警語：在協助他人之前，請先戴上自己的氧氣面罩。

達賴喇嘛也談過這個想法：「僅靠著你的犧牲來關愛他人，是不會持久的。關愛他人的同時也必須滋養自己。」[95]對於大多數的西方人來說，這不是一個簡單的想法。丹尼爾・高曼（Daniel Goleman）在他的《破壞性情緒管理》（*Destruct Emotions*）一書中，談到達賴喇嘛對於許多西方人自信不足的事實，感到非常驚訝。人們怎麼會不喜歡自己呢？

達賴喇嘛認為，圖博（Tibet）的情況之所以不同，原因之一在於圖博人對於「惻隱之心」（compassion）的理解。文字創造世界；我們解釋特定概念的方式，往往是我們文化與生活環境的產物，而這是很重要的，它往往詮釋了我們潛意識裡根深蒂固的心理傾向。

那「惻隱之心」這個字詞，又有什麼特別之處呢？如果我讓西方人來定義惻隱之心，大多數的人會說它意味著同情還有關心他人。達賴喇嘛說，在圖博語中，代表惻隱之心的字是tsewa，這個字的意思是「**對**

**自己以及他人有惻隱之心。」**[96]

值得注意的是，它先談到的是自我，然後才推己及人。想像有一個同心圓，你站在中間。你先從對自己有惻隱之心開始，然後擴展到你身邊的人，再來是其他人，然後是整個世界——但它是從自我開始的。我們都在這個生命的循環中，在惻隱之心所張起的網絡中相互連結。

在西方哲學傳統中，自私（selfish）與無私（selfless）之間存在相對應的分裂。自私的同義詞包括卑鄙、不慷慨、自戀以及貪婪。另一方面，與無私類似的詞彙則包括高貴、慷慨、有愛心以及慈善。在西方，我們從很小的時候開始，學習語言之初，就被教導「考慮自我，包括對自我富有同情心」是不道德的。

---

95 高曼，D.（Goleman, D.），（2004年），《破壞性情緒管理：達賴喇嘛與西方科學大師的智慧》（*The Destructive Emotion : How Can We Overcome Them?—A Scientific Dialogue with the Dalai Lama*），班騰書店（Bantam Books）。

96 出處同上。

但這並不是那麼正確——為什麼「**我的自我**」不如「**其他人的**自我」呢？而且這也無法永續：那些不照顧自己需求的人，最終將會一無所有，無法給予自己也無法給予他人。

因此，與其把為他人付出視為無私，而把為自己付出視為自私，我們不妨把健康的給予視為一種「從自我出發的表現」。**所謂的從自我出發的給予，就是照顧他人也照顧自己**。

具體來說，要如何體現呢？如果有同事請我協助他們的計劃，我可以簡單地回答：「我很樂意幫你，但我需要先完成這個任務。」若場景發生在家裡，我可以說對我家人說：「孩子們，等我運動完，我就會陪你們。」或者「親愛的，我明天會陪你，但現在我需要一點獨處的時間。」這麼做，真的沒關係！

照顧好自己並不會讓你成為一個壞人。相反地，從長遠來看，**當我們能夠關注自己的需求，我們才最有可能提供他人協助或貢獻，或表達友善與慷慨**。

借用兩千多年前偉大的猶太聖賢之一希勒爾（Hillel）的話來說：「如果我不為自己著想，誰會為我著想？但是如果我只想到我自己，那我是什麼樣的人？如果現在不這麼做，那要等到什麼時候？」

## 建立兒童的復原韌性

在局勢動盪的時期，父母會覺得替孩子樹立一個完美的榜樣，是他們的責任，而這樣的榜樣將成為可供孩子倚靠的穩定支柱。身為父母，我們會認為現在不是軟弱的時候；我們必須為了孩子堅強起來。但是，當我們經歷危機，感到虛弱、焦慮、沮喪、悲傷或憤怒時，我們該怎麼辦？當我們知道我們的痛苦會進一步加重孩子的痛苦時，在孩子面前，我們該如何管理自己的情緒？

**首先我們必須記住，讓孩子們看到我們在苦苦奮戰是沒有關係的，即使這樣會增加他們的痛苦。**身為父母，我們的私心是想保護他們，是想隱藏而不是暴露我們的情緒波動。但是，適度地見證父母經歷悲傷、焦慮或憤怒，對於孩子的健康發展是必要的。說得更白一點，身為父母，我們應該接受一個事實，那就是為我們的孩子樹立一個完美的榜樣，不僅是不可能的，也是不可取的。

大約七十年前，英國兒童心理學家唐納德．溫尼考特（Donald Winnicott）為大家引介了最重要育兒概念之一：「夠好的母親」（the good enough mother）。[97]

這是什麼意思？溫尼考特體認到，許多父母都希望成為無微不至的完美照顧者。當孩子哭泣時，家長立即給予安慰；當孩子遇到挑戰時，父母就在那裡提供協助。溫尼考特指出，這不是孩子們需要的；孩子需要的是**夠好的父母**。

身為父母，不管是因為忙碌、心煩、疲憊，抑或是需要獨處的時間，而無法百分之百呵護他們的孩子，那都不是什麼壞事。藉由這種缺乏關注的機會，孩子們將學會自我調節；相較之下，當父母總是隨傳隨到時，孩子們將無法學會自己處理困難。

身為父母，我們的最終目標是培養獨立的孩子。畢竟，父母不可能一輩子都在孩子的身邊。孩子從出生起，就必須有機會應對問題。**夠好的父母比所謂的完美父母更接近孩子的需要**。

當個「夠好的爸媽」，同時意味著如果你的孩子偶爾看見你處於低潮，那也無妨。你甚至可以和他們談談你的狀況，你可以抱著他們，讓他們感到安心，然後告訴他們「我現在很沮喪」或「我只是覺得累斃了」。你可以在向他們傳達事情並不是一切都安好的同時，也傳達你的愛與關懷。事實上，孩子們從你那裡聽到這些，對他們來說是一種解放，因為他們有時也會有這種感覺。**藉由允許自己當個普通人，讓孩子們知道他們也可以這樣**。

即使他們看到你失控，這也不是世界末日。因為他們也會看到你恢

97 溫尼考特，D. W.（Winnicott, D. W.），（2002年），《溫尼考特論兒童》（暫譯：*Winnicott on the Child*），達卡波終生圖書（Da Capo Lifelong Books）。

復正常之後的樣子，這會讓他們感到安心。如果你在充滿情緒的狀態下，說了一些你不應該說的話，或者說了讓你後悔的話，你可以向他們道歉。孩子不需要完美的榜樣；他們需要的是夠好的人讓他們有所倚靠。育兒之所以美好，原因之一在於你不僅在教導他人，你也是在自我成長。不斷學習的父母，是孩子最好的榜樣。

可以理解的是，許多父母擔心疫病大流行對孩子的影響。身為父母，這的確是我們面臨最大的挑戰之一。我們一直以來，都讓我們孩子的日子過得太容易了。我們這麼做，是出自想要保護他們的心，也是因為我們做得到。我們想給我們的孩子最好的，這是很自然的。

但是哥倫比亞大學的桑妮雅．路德（Suniya Luther）的研究顯示，許多來自富裕家庭的孩子正因為這種奢侈的陷阱，而飽受心理困擾，例如焦慮、憂鬱或是藥物濫用。[98] 生活就是學習如何處理，沒有按著計劃進行的事情。面對阻礙，雖然在短期內會覺得不方便或是覺得痛苦，但是對孩子可能是有益的。

讓我跟你分享一個跟上面的想法有關的經歷，這個經歷讓我直到現在還印象鮮明。在我的大兒子大衛三歲的時候，他那時最喜歡的玩具是一個小小的超人娃娃。他可以整天都在玩這個娃娃，然後在睡覺前把它放在枕頭上。我們住在一棟公寓大樓的十樓，有一天，我和我的妻子把大衛從托兒所接回家。

我們進了電梯，我和我的妻子正在談話，而大衛正在和小小超人交談。當電梯到達我們的樓層，門開了，我們走出電梯時，大衛卻不小心讓超人掉下去了。顯然這個超人並不會飛，小小超人直接掉進了門之間的狹窄縫隙中，並一路順著電梯的天井下墜，不見了。即使我們身為爸媽，也無法讓他回來。

大衛開始嚎啕大哭，我們擁抱大衛並安撫他，正當我要張嘴說些什

---

98 路德，S. S.（Luthar, S. S.）和貝克，B. E.（Becker, B. E.），（2002年），〈有特權卻有壓力？富裕青年研究〉（*Privileged but pressured? A study of affluent youth*），《兒童發展》（*Child Development*），第73卷，第5期，頁1593-1610。

麼時，一如往常地被我的妻子打斷阻止。之後我們進到屋裡，大衛跑進他的房間裡繼續哭。我當時打算要說的是：「大衛，別擔心。我們會再為你買一個超人娃娃，我們可以為你買一百個超人娃娃！」我對我的妻子說：「妳為什麼要阻止我？然後在這裡聽我們的兒子哭！」她對我說：「塔爾，不要剝奪大衛學習應對困難的機會。」

**不要剝奪小孩學習應對困難的機會——這是我學到的最重要的育兒課題之一**。她絕對是正確的：這就是兒童（和成人）學習復原韌性、足智多謀以及創造力的方式。這就是孩子們學習靈活性的方式，或者更準確地說，這是孩子學習流動性的機會。老子的《道德經》談到「上善若水」有很多原因，其中之一是因為水是一直在流動的。老子寫道：「柔弱勝剛強」。

如果我們把我們的健身器材的設定調到最輕鬆的位置上，讓機器只產生一點點阻力或是根本沒有阻力，這會使得鍛鍊變得很輕鬆，但是我們卻不會變得更強壯。我們無法因此鍛鍊出反脆弱性。而另一方面，如果我們操練過度，我們可能會受到輕傷或是重傷。

但是，如果我們採取間歇性地強度操練，加上適度的修復期，我們就會變得更強壯。生活也是如此，身為父母，許多人都急於拯救我們的孩子。歷史上最偉大的教育家之一瑪麗亞・蒙特梭利（Maria Montessori）在她的教學中強調，我們不應該替孩子做他或她可以為自己做的事。[99]

當然，這裡的意思不是不要替年幼的孩子做任何事；當他們不能自己處理某件事時，父母應該在他們身邊。但是，我們應該盡可能減少我們所提供的幫助，而讓他們想辦法幫助自己。

克雷頓・克里斯汀生（Clayton Christensen）教授對哈佛商學院即將畢業的學生發表談話時，分享了這番臨別贈言：「您的孩子將面臨的挑戰具有重要的意義，這些挑戰幫助他們磨練與發展他們一生成功所需的

---

99 蒙特梭利，M.（Montessorri, M.），（2009年），《吸收性心智》（*The Absorbent Mind*），BN出版社（BN Publishing）。

能力。應付難對付的老師、承受在運動競賽中失利，學習在學校裡團結合作，以利自己在小團體組成的複雜社會結構中，找到生存的方向——所有這些都成為經驗學院的課程。」[100]

現在，我們還要把如何因應遠距教學、保持社交距離以及取消期待已久的活動等，增加到學習清單中。孩子們從挑戰中學習，如果他們能夠盡早獲得克服困難的經驗，他們在處理問題時會更得心應手，長大後也可以成為他人的榜樣。

## 愛與衝突

在任何彼此承諾的關係中，衝突都是不可避免的，而在壓力大的時候，衝突會比承平時期更常出現。然而，挑戰也會帶來真正的機會。事實證明，衝突對於愛的成長不僅很重要，甚至很必要。

早在一八四一年，拉爾夫・沃爾多・愛默生（Ralph Waldo Emerson）

便發表過一篇關於友誼的文章。他寫道，在朋友身上，我們不應該尋求「蒙昧的讓步」，換句話說，這樣的朋友往往會盲目地同意我們所說的一切。相反地，我們應該「讓朋友永遠成為你美麗的敵人，不可馴服且虔誠地崇敬，而不是很快就會被淘汰和拋棄的那種微不足道的方便。」[101]我喜歡這個說法——**美麗的敵人**。

美麗的敵人是挑戰你、推動你的人，用愛默生的話來說，是幫助你「學習真理」的人。當你和一個美麗的敵人在一起時，事情有時會很困難，但是成長的潛力永遠都在。你將體驗到有意義的不便，而不是「微不足道的方便」；你將體驗到可以滋養你的衝突，而不是會讓你麻木的安逸。

100 克里斯汀生，C.（Christensen, C.），（2012年），〈人生學院〉（The School of Life），《哈佛商學院校友會會刊線上版》（*Harvard Business School Alumni Online*），alumni.hbs.edu/stories/Pages/story-bulletin.aspx?num=814，2020年11月27日造訪查詢。

101 愛默生，R. W.（Emerson, R. W.），（1909年），《拉爾夫·沃爾多·愛默生作品集：信件與社會目標》（*The Works of Ralph Waldo Emerson: Letters and Social Aims*），Fireside Edition。

我們很早就在聖經的第一本書，看見「一個美麗的敵人」的想法。在創世紀中，上帝說：「這個人獨自一人不好。我要做一個夥伴（helpmeet）給他。」「help meet」是從希伯來語的ezer k'enegdo直譯過來的，字面意思是「以反對做為幫助」。在英文版本中，「meet」指的是競爭，就像運動競技一樣。

換句話說，helpmeet是一個挑戰你成長的夥伴。我們應該學著把我們的合作夥伴視為一個可敬的敵人，一個幫手，可以幫助我們重新構建我們關係中的衝突：與其把不和諧視為一個危險的黑暗點，不惜一切代價要去避免，我們可以把它視為個人與人際成長的寶貴機會。

大衛・施那赫（David Schnarch）博士是《激情婚姻》（*Passionate Marriage*）一書的作者，這本書徹底改變了我的人生。大衛・施那赫強調，在每一段成功關係的演變中，衝突扮演著決定性的角色。他認為，在每段關係中，無論是多麼棒的關係，夫妻總是會遇到僵局。僵局是一種極端的衝突。

那不是我們吵架、和好、做愛，然後一切都會恢復美好的那種日常爭論。僵局的發生是因為雙方在我們的某種核心價值觀上，出現根本分歧。陷入僵局時，我們會赫然發現，我們的信念與伴侶心中同樣根深蒂固的信念背道而馳。

處在蜜月期的夫妻關係通常不會出現僵局，但是大約三年左右的時間，就很可能會圍繞以下四個主題之一而衍生溝通困境：

一、**小孩**：我們應該採取什麼樣的管教方式？我們應該寬容，還是應該比較嚴厲？我們要設定什麼樣的界限？我們的孩子應該接受什麼樣的教育？宗教在他們的成長過程中應該扮演什麼角色？

二、**金錢**：我們應該把錢花在什麼地方？我們應該在這個時候進行這筆大額採購嗎？夫妻之一是否覺得另一位買了太多東西，或者貢獻不夠？我們能負擔得起嗎？我們存了夠多的錢嗎？

三、**性愛**：雙方之一是否認為太多或不夠？什麼樣型式的性？我們的性太刺激還是太無趣？我們應該開放我們的關係還是保持排他性？

四、**擴大家庭**：我們應該每週邀請其他家人一起活動嗎？我們可以永遠都不邀請他們嗎？做決策時，我們應該讓其他家庭成員參與到什麼樣的程度呢？我們應該多久參加一次家庭聚會？

當我們的婚姻關係陷入僵局時，可能會發生以下三種情況當中的一種。第一個常見的結果是分手、分居或離婚，有高達四〇%到五〇%的婚姻，最後會以離婚告終。大多數的人，可能都是這麼想的——**我以為我們對彼此來說十分匹配，但是如果在對我來說如此重要的事情上，我們都可以存在分歧，那就證明我們不是那麼適合**。這解釋了為什麼離婚率通常會在結婚四到七年之後飆升；夫妻通常在第一次遇到僵局時，就會因此認為他們的差異是不可調和的。

第二種你可能會做的決定就是仍然在一起，但又不是真的在一起。意思就是，基於任何外部的原因，像是基於習慣或者因為宗教，又或者為了孩子，或者由於經濟原因，你們還是在一起。但是在情感上，你們已經貌合神離、分道揚鑣了。

選項三則是經歷僵局後而帶來的共同成長。你們爭吵，你們意見不合，你們激烈爭執。然而過了一段時間，可能是在一個星期、一個月或是六個月之後，你們兩個無論是從個人的層次或是夫妻的層次來看，都變得更好。你要如何進到選項三，也就是反脆弱選項，以及該如何成功度過僵局呢？

首先，你必須奮力一搏。其次，當你奮力一搏時，**你要堅持自己而不是順從對方，以尊重的方式表達你的需求，你應該重視你的需求而不是忽視它**。第三，在你堅持自己的原則時，你不放棄你們的關係，你的做法是保持原狀，並透過這一切以求了解你的伴侶的需求和願望。**關鍵並不在於讓彼此覺得好過，意思就是，不是要去認可對方，或是尋求對方認可，而是「去了解」以及「被了解」**。唯有透過對彼此有更好的了解——包括弱點和優點、恐懼和幻想，我們才能建立親密的關係。

真正努力去了解與被了解代表你必須要冒險。假設你和你伴侶的雙親相處有問題，即使你非常不想和你的伴侶談論這件事，因為他總是珍視他的原生家庭，而讓你感到很受傷。但最終，你還是決定努力嘗試與你的伴侶深談溝通；雖然這麼做可能會導致痛苦的衝突，但不這麼做，卻能保證不會幸福。

在關係發展的早期階段，你可以避免談論不舒服的話題，因為有新奇的興奮感在支撐著。但是過了一陣子之後，你會發現，這樣是不夠的，因為避談尷尬困境解決不了任何問題。相反地，隨著問題的惡化，你最後會崩潰，而你們的關係會破裂。

並不是每一個僵局都可以順利化解，進而培養出更深厚的關係。有些伴侶在某些問題上的看法南轅北轍，因此注定無法永遠相伴在一起，這也沒關係。在大多數的情況下，僵局為我們提供了重要的學習機會，可以讓我們成為更好的人，也可以促進我們的關係發展。

當我們抱持開放的心胸進行溝通，真心希望我們的關係可以正常運轉，我們通常會找到解決方案並克服問題——可能是一方說服另一方，達成妥協，或是有創意地找到一個雙贏的模式。

經歷衝突，無論是稍微的意見不合還是徹底陷入膠著，都有助於建立你們之間羈絆的免疫系統；反之，在刻意避免衝突的無菌環境中，你們之間是不會產生關鍵抗體的。

所以，如果你希望關係可以維持下去，更不用說如果你希望它愈來愈好的話，你真的別無選擇——你必須戰勝考驗。請務必對你的伴侶敞開心扉，去處理對你來說很重要的問題，如果你能這樣做，你終究會受益，你的伴侶也會受益，最後你們的關係也會受益。

在我理解了大衛·施那赫的觀點，亦即意見分歧並不等於水火不容後，這徹底改變了我和我太太的關係。事件是發生在我們交往十周年的時候，我原本以為我們是天生一對，直到我們僵持不下，然後我突然被擔心和焦慮壓得喘不過氣來。

**我們之間發生了什麼事？我確信她是我人生中的摯愛，但是我們在**

**對彼此都很重要的事情上，竟然意見分歧的如此嚴重。難道我們的關係要走向結束了嗎？**當我讀了《激情婚姻》，我才意識到答案是否定的。我們的關係沒有這麼糟，它一切都很好，我們只是正在經歷一個自然進化的過程。

誠如施那赫所寫的：「婚姻關係的運作強度和壓力，都遠超過我們的預期——實際上，那些常常被夫妻誤以為該離婚的時候，正是需要著手解決問題的時候。」我們投注心力共同突破逆境，因此能夠從那次的困難，以及其後的一些僵局中有所成長。

僵局很可怕，因為它讓我們敞開心胸並容易受到傷害。然而，一旦你們曾共同經歷重大的衝突，要應付往後的碰撞就會更容易一些；儘管還是不容易，但隨而來的恐懼會比較先前少一點，你們會知道一切是有希望的。

**解決任何衝突，沒有絕對的路徑，但如果你願意創造條件，保持開放的心胸以及真誠的態度，解決問題的可能性就更大。**這裡有一些額外的策略，如果你進入衝突的話，可以把這些策略放在心上，無論衝突的強度如何都可以適用：

**反思**。從關係中後退一步，進行反思，是很有用的——無論是跟某人諮商，還是在你的日記中寫下來，都可以。請記住，最好的給予者也會為自己付出。有一種做法是宣告：「我需要自己的時間，讓自己重組、思考，解決問題。」

**傾聽與同理**。請把你自己的論點和成見擱置幾分鐘或幾個小時，真正傾聽並且以開放的態度接收你的伴侶所說的話。請努力不要讓自己從談話中分心，請克制自己想要插開話題的衝動，並且不要把對方的擔憂視為杞人憂天。最近發表在《家庭心理學雜誌》（*Journal of Family Psychology*）上的一項研究顯示：「在另一方表達壓力時，能夠專心傾聽，以及更好的雙向應對行為，與更高的關係滿意度有正相關。」[102]真

102 庫恩，R.（Kuhn, R.），（2018年），〈傾聽的力量：在二元應對對話中傾聽對方的聲音〉（*The Power of Listening: Lending an Ear to the Partner During Dyadic Coping Conversations*），家庭心理學雜誌》（*Journal of Family Psychology*），第32卷，第6期，頁762-772。

誠地傾聽並努力了解伴侶的觀點，是同理心的一種表現，同時也可以進一步強化同理心。

**想辦法說「yes」**。華盛頓大學心理學家約翰．高曼（John Gottman）是世界領先的人際關係研究專家，他訪問了數百對夫婦並分析他們的談話。研究數據清楚顯示，尊重、正向的談話是婚姻成功的核心：「聽起來很簡單，但實際上你可以用鹽罐的比喻來掌握我所有的研究結果。只不過這個鹽罐裡裝的不是鹽，而是裝滿所有你可以表達yes的方式，這是良好關係的樣貌。你可以說：『這是一個很好的想法。』、『這是一個很好的觀點，我從沒想過。』等，而在一段有問題的伴侶關係中，鹽罐裡則是裝滿了所有你可以用來表達no的方式。」

高曼進一步分享讓我們知道，最棒的關係中大多享有五比一的正向比值，這意味著在每一次的分歧或衝突、憤怒的爭吵或失望之後，會有五個正向的回應——也許是一個讚美或一則愛的簡訊；微笑、擁抱或親吻；在沙灘上浪漫地散步、做愛，或是溫馨的晚餐。

**雖然衝突是不可避免的，且正如我們所見，衝突的存在是很重要的，但是我們需要用比例高很多的正向體驗，來修補那些衝突。**

**與人為善**。友善是提高正向關係的重要手段，友善聽起來很簡單，不是嗎？但當我們情緒不佳或在外受辱時，你有多常會選擇轉嫁敵意以對待身邊的伴侶呢？一段關係的正向發展是建立在基本的禮貌與尊重上，然而卻有那麼多人冒昧粗魯或心懷敵意地對待最親近的人。

這對你的伴侶不公平，對你們的關係也有害。你能做些什麼來善待你的伴侶，儘管你們正處於意見不合的狀態呢？善意的姿態通常足以緩和緊張，這樣你就可以努力解決問題。

**照顧好自己**。定期運動、冥想、睡個好覺、花時間聽音樂、沉浸在閱讀的世界——或者做任何其他可以補足你的資源，並且幫助你修復的事情。你可能很好奇，上面建議的這些活動跟人際關係有關嗎？

它們之間的關聯可說是非常密切，因為做這些事可以幫助好的事物正向循環。例如運動：運動會讓大腦釋放感覺良好的化學物質。當我感覺良好時，我會對我的伴侶還有我的孩子更有耐心。

同樣地，當我進行冥想並給自己時間修復之後，我的心胸會變得更開放，我也會變得更慷慨，對我所愛的人更友善，因此我的人際關係會變得更好。我從照顧自我開始，然後推己及人。

大衛．施那赫將情感承諾的關係描述為「人類成長的機器」。這適用於孩子和父母之間的關係，以及伴侶之間的關係。然而，成長並不是一種原始設定，不是自動就會發生，尤其是在壓力大的時候，我們常看到許多關係以及在這些關係中的個體會枯萎。

為了讓我們的關係具有反脆弱性，而且無論如何都要蓬勃發展，我們需要保留一些空間，讓衝突與正向性、了解與被了解、傾聽與表達、為他人付出與為自己付出，同時並存。

SPIRE檢核

## 關係上的幸福

請把焦點放在關係上的幸福，完成SPIRE檢核的三個步驟：打分數、說明和對症下藥。首先請你反思以下的問題：

- 你是否與家人和朋友共度美好時光？
- 你的關係深厚嗎？你有照顧好自己嗎？
- 你是一個給予者嗎？

根據你的反思，確認你在關係層面感受到何種程度的幸福感，然後幫自己**打分數**。請你從一到十給分，一分代表幸福感很低，或是很少體驗到幸福的感覺，而十分則代表很幸福，或是常常有幸福的感覺。分數打好之後，請你用書面形式**說明**你幫自己打這個分數的原因。然後，請你對症下藥，為自己開立處方箋，一開始只需設定讓你的分數增加一分就好。

你可以這樣做，像是：空出時間與你所愛的人在一起、待人更友善一點、付出更多一點，或是畫下界線，不要在非必要的時候輕易提供協助、感謝你的至親願意成為幫助你成長的敵人等。請你每週確認一次自己的狀態。

第五章

# Emotional 情緒上的幸福

## 主動擁抱情緒，選擇最適當的行動

允許自己感受任何的心境，承認我現在有這種感覺，
但是那沒關係，接納情緒，讓它自然流淌。

你的快樂就是揭開面紗的哀愁。
你笑聲的泉源，常常裝滿了你的淚水。
此外，奈若何？
哀愁刻入你的生命愈深，你能容得下的快樂就愈多。
——哈利勒．紀伯倫（Kahlil Gibran）《先知》（*The Prophet*）

幾年前，我還是一名研究生的時候，我開始教授第一堂正向心理學的課。當時只有八名學生選課。應該說，一開始的時候是八名學生，但是其中有兩個學生後來退選了。老實說，這種情況讓我的自我受創。有一天，我在大學部的一個宿舍餐廳吃午餐，有一位我認識但是不在我班上的學生走了過來。他對我說：「塔爾，我可以跟你同桌嗎？」我說：

「當然可以。」

於是他坐了下來，說道：「我聽說你在教一門關於快樂學的課」我回答：「沒錯，這門課和正向心理學有關。」

他連忙補充道：「你知道嗎，我的室友有選你的課，所以你最好小心一點。」

「小心一點？為什麼？」我問。

「因為，」他回答：「如果我看到你不開心，我會告訴他的。」

第二天，當我在課堂上向我那六個學生講話時，我提到了那次的談話：「你們知道嗎，我最不希望你們這樣想的一件事，就是我永遠都是快樂的，或者認為到了今年年底，你的情緒將一直維持在高點。」這位學生所說的那段話，背後有一個假設——幸福的人生必須沒有悲傷或是任何其他不愉快的情緒，而這正是一種普遍的假設。

事實上，只有兩種人不會經歷痛苦的情緒，例如悲傷、憤怒、沮喪、嫉妒或焦慮。第一種是精神病患者。精神病患者無法體驗人類的全部情緒，那是他們的限制。第二群無法感受到痛苦情緒的人，是那些已經死亡的人。

如果你正為痛苦的情緒所苦，這是一個好兆頭。這意味著：一、你不是精神病患者；二、你還活著。

在跟我學生的那位室友共進午餐後不久，我第一次出現「允許自己順應人性」（the permission to be human）的想法。從那時候起，我便開始把它視為更快樂的人生的基本支柱。「允許自己順應人性」，就是**允許自己感受任何的心境，包括所有的情緒，無論這些情緒多麼令人痛苦**。**給予自己這種許可，就是承認我現在有這種感覺，但是那沒關係，**或者正如黛咪·洛瓦托（Demi Lovato）所說的：「不好也沒關係。」

允許自己順應人性，可能展現在允許自己出現對於感染冠狀病毒的**恐懼**；或者對於被炒魷魚的**焦慮**；**擔心**孩子在學校落後；親愛的家人的就醫診斷讓你**心碎**；無法旅行的**挫折**；下一次野火或是颶風不知何時會襲擊你的社區的不確定性；與朋友失去聯繫的**傷悲**；**嫉妒**你的前任現在過得有多好；還有**煩人**的、不知道已經發生過多少次的，除了你以外，家裡其他人都沒有把碗放進洗碗機裡。還有**憤怒**，你一點也不想跟它扯上關係，不管起因是什麼。但是，與其把這樣的情緒阻擋在外，**最好的做法是接納情緒，讓它自然流淌**。

我們通常並不會平等對待我們所有的情緒。我們歡迎快樂的情緒，但卻試圖阻擋那些位痛苦端的情緒湧進。痛苦的情緒通常被稱為「負面」情緒，印證了我們對於這些情緒普遍存在的不利態度。

有部分的問題在於，我們假設其他人一直都過著美好的生活，尤其是在當今社交媒體至高無上並推波助瀾的世界中，更是如此。我們相信每個人就算不是一直過著興高采烈的日子，至少過得很精采，或者過得很不錯，只有自己似乎是唯一無法跟大家表現一致的異類。然而，我們並不想顯得異常，因此我們隱藏我們的悲傷，我們隱藏我們的焦慮和恐懼。**你好嗎？我很好，你呢？我們決心戴上幸福快樂的面具，結果卻弄巧成拙——我們正在助長一個導致我們沮喪憂鬱的大騙局。**

在我的第一個小孩大衛出生的時候，我們的小兒科醫生提出了一些寶貴的建議。在我的妻子分娩後幾個小時，我們的小兒科醫生走進我們的病房，確認我的妻子和小孩的健康。在確定他們一切正常後，他對我們說：「在接下來的幾個月裡，你們會經歷各式各樣的情緒，而且常常是很極端的。你們會感到喜悅與驚嘆，沮喪與憤怒，快樂與惱怒。這很正常，我們都經歷過。」

這是我在為人父母的最初幾個月裡，所得到的最好的建議。為什麼？因為在跟新生兒關在一起大約一個月之後，我開始對大衛感到有些嫉妒。這是自從我跟我的妻子在一起以來，頭一次有人比我得到她更多的關注。不管我多麼疲憊，睡眠被嚴重剝奪，多麼精疲力盡，無論我多麼需要她，大衛的需求總是被擺在第一位。

如果小兒科醫生沒有跟我們談過，我會想：「哇，塔爾，你是多麼糟糕的爸爸。你是個壞蛋。居然嫉妒你的兒子？這實在很噁心。」但是我在腦海裡想起醫生的這段建議，允許我順應人性，告訴我：「這很正常，我們都經歷過。」

因為他的忠告，我能夠允許那種嫉妒的感覺在我身上流淌，這真的可行。五分鐘後，情緒過去了，我能夠敞開心胸去體驗我所感受到的愛，並且繼續感受到對我兒子的愛。

## 允許情緒到來

這裡有一個悖論：**當我們拒絕接受痛苦的情緒時，只會讓它們加劇**。我們如果再次拒絕，它們就會變得更強烈，更會把我們啃噬得坐立難安。然而，當我們接受並擁抱痛苦的情緒時，它們就不會叨擾我們太久。它們登門拜訪，然後揮揮衣袖不帶走一片雲彩。

讓我們以悲傷為例，悲傷可以說是最強烈的痛苦情緒。研究顯示，經歷悲傷的人大致可以分類為兩組。第一組包括的是那些被認為堅強的人。在失去之後，他們決定：「我要堅強起來。我會挺過去的，我不會讓這件事情影響到我。」他們裝出一副勇敢的面孔，靠自己打起精神振作起來，繼續前進。而另一組則包括那些被認為比較軟弱、比較不堅強的人，他們可能會說：「這是我經歷過的最糟糕的事，我不知道我要如何度過。」他們會哭泣，他們會談論這件事，他們體驗他們的情緒，他們崩潰。

當我們從局外人的角度來看這兩組人時，我們可能會看著第一組並且這樣想：「哇，他們堅強地挺過了。」我們可能看著第二組，心想：「我很擔心，只希望他們沒事，希望他們能挺過來。」但是研究結果顯示，一年或是更長的時間之後，第二組的身心狀態很可能比第一組還要好。第二組允許自己順應人性，而且讓悲傷的發展過程順其自然。

為什麼這樣可以行得通呢？無論是面對悲傷、焦慮還是嫉妒，這麼做都可以行得通。**為什麼情緒在被擁抱時會消退，而在被拒絕時會加劇**？這裡有一個小實驗。請你在接下來的十秒鐘內，心裡不要去想一頭粉紅色的大象。你知道我在說的，是那隻有著大耳朵的小飛象吧？那隻粉紅色的大象？好吧，暫停兩秒鐘不去想粉紅色的大象。

我有強烈的預感，你會想著一頭粉紅色的大象。為什麼呢？因為當一個詞彙被一遍又一遍地重複時，我們就會想著這個詞彙。而當我們聽到「不要去想這個詞彙」，當我們試圖壓抑這個想法時，更可能讓我們繼續把這個詞彙視覺化。這是我們天性的一部分。心理學家丹尼爾・韋格納（Daniel Wegner）把這種現象描述為他的矛盾反彈理論（ironic process theory）的一部分，也適用於痛苦的情緒。[103] **當我們拒絕接受痛苦的情緒時，它們會變得更強烈，而且持續的時間會更長。**

我們的情緒是一種自然現象，就像萬有引力定律一樣。想像一下，你每天早上醒來都告訴自己：「我已經受夠了萬有引力定律。我拒絕接受重力！」結果會發生什麼事？嗯，首先，你可能會摔倒。如果你住在

103 韋格納，D. M.（Wegner, D. M.），（1994年），《白熊和其他不想要的想法：壓抑、痴迷與心理控制心理學》（暫譯：*White Bears and Other Unwanted Thoughts: Suppression, Obsession, and the Psychology of Mental Control*），吉爾福德出版社（The Guilford Press）。

高樓裡，或者喜歡爬山，你可能活不了多久。而且，就算你活下來了，你可能會一直過著沮喪的生活。所以，自然來說，我們不會拒絕重力定律。我們會接受它，擁抱它，甚至和它一起玩遊戲。想像一下沒有重力的奧運會標槍比賽或是跳高項目，會是什麼情況？這是沒有意義的。

然而，我們並不是以同樣的態度在對待痛苦的情緒。當我們忽視情緒是人性的一部分，就像萬有引力定律是物理自然的一部分一樣，我們會因為拒絕接受情緒，而付出高昂的代價。

在我剛開始教書的時候，我最大的挑戰來自於我是一個內向的人。在一大群的聽眾面前，無論是實體的還是虛擬的，我都會非常緊張。一開始，當我準備去上課時，我都會對自己說：「塔爾，不要焦慮、不要緊張。」這麼做你認為會發生什麼事？結果我變得更加緊張。心悸來了，手心和額頭都在冒汗。我的大腦急速運轉，愈來愈多的粉紅色大象在那裡飛來飛去。

然而，當我開始允許自己自然順應人性——當我接受焦慮，而不是試著把焦慮推開，那些緊張的情緒最終都會煙消雲散，而不是愈積愈多。現在我要上課之前，還是會有點緊張，但是我不會對自己說：「塔爾，別緊張」而是對自己說：「哇，我非常感謝我不是精神病患者，而且我還活著。」於是焦慮便無法占據我，取而代之的是興奮。

維克多・弗蘭克（Viktor Frankl）的矛盾意向理論（theory of paradoxical intentions）把韋格納的矛盾反彈理論再往前推進一步：我們不僅不應該干擾痛苦情緒的流動，甚至還應該主動要加以鼓勵。

例如，如果我們不想要感到緊張，我們就應該告訴自己：「再更焦慮一點吧，緊張的能量還不夠。來吧，再更焦慮一點！」有趣的是，**藉著敦請焦慮的到來，實際上是再次允許我們自己去感受焦慮——結果焦慮很可能會減弱**。

另外還有一個悖論存在，那就是當我們拒絕或迴避痛苦的情緒時，不是只有痛苦的情緒會加劇，還會因此讓我們無法體驗到所有令人愉悅的情緒。我們所有的感受，無論是快樂的還是痛苦的，都在同樣的管道中流動。

如果我們拒絕痛苦的情緒，試圖抑制和阻止這些情緒的流動，那麼我們將同時阻礙快樂情緒的自由流動。我們因此無法體驗所有的情緒。可以這麼說，如果我設法防堵嫉妒，不經意間我也防堵了愛。如果我限制焦慮，那麼我也限制了興奮。如果我抑制悲傷，我也阻礙了快樂的自由流動。

痛苦和愉快的情緒是一個連續體的兩端；同一枚硬幣的兩面。借用一九六九年至一九七四年的以色列總理戈爾達．梅厄（Golda Meir）的話來說——「那些無法全心哭泣的人，也無法開懷大笑。」

我們可以這樣思考，痛苦的發生有兩個層次。第一個層次是自然而然、自動體驗到痛苦的情緒，例如憤怒、悲傷、沮喪或焦慮，我們都會不時感受到這些情緒。我們會產生這種痛苦，是因為各式各樣會觸發痛苦情緒反應的事件，像是預期即將到來的演講，或是預見危險的情況，或由於失去收入或是失去親人等。

當你奮力抵抗第一個層次的痛苦時，我們就會遇到第二個層次的痛苦來襲。當你對自己說：「我不應該生氣！或者我不應該焦慮！或者我不應該嫉妒！」如此對抗情緒只會增加痛苦而已。

誠如《道德經》所言，如果我們希望擁有充實幸福的人生，那麼我們就應該堅持道法自然，凡事順勢而為，而不是強行對抗。

雖然第一個層次的痛苦是我們生而為人在所難免的，但是如果涉及的是第二個層次的痛苦，你是有選擇的。如果你接受了情緒，那麼你就可以免除因為否定情緒而加重的痛苦。

藉由允許自己順應人性，你將可以增強自己應付逆境的能力；當你在面對痛苦的情緒時，將會變得更加靈活，也更能敞開心扉迎接愉快的情緒。你會因此變得更具反脆弱性。當我們面對痛苦的情緒時，有三種特定的方法可以讓自己順應人性：

一、**哭泣**：把那些閘門打開讓情緒流淌，讓自己流淚。如果你覺得想哭的話，將自己安頓在舒服的私人空間裡，就可以好好地哭。哭泣已經被證明是一種自我安慰的好方法；它會釋放讓人感覺良好的化學物質，像是催產素（oxytocin）以及某些有助於緩解疼痛和壓力的鴉片類物質。[104]

二、**談談痛苦的情緒**：找一個讓你安心的夥伴，無論是面對面或視訊，好好地談論這件事。表達而不是壓抑，分享而不是試圖把它全部往肚子裡吞。只要能談談我們面臨的困難或挑戰——無論是與值得信賴的朋友還是諮商師都行，這樣就可以幫助我們釋放緊張的情緒，並且讓我們感覺好一點。[105]

三、**書寫情緒**。花十分鐘或更長的時間記錄你遭遇到的，或是正在經歷的困難經驗。寫下你感受到什麼以及現在感覺如何；寫下你當時的想法以及此刻的想法。你不需要擔心語法，也不用擔心句子結構，甚至不用擔心是否合乎邏輯。這只是給你自己看的，所以只要放心去寫就可以了，自由聯想，心裡想到什麼就寫什麼。

德州大學教授、心理學家詹姆斯·潘尼貝克（James Pennebaker）證明寫日記具有深遠影響。[106] 在潘尼貝克的研究中，他讓參與者連續四天，每天花二十分鐘寫下困難的經歷。潘尼貝克測量了許多結果，其中包括受試者的焦慮程度。

結果發現，當參與者剛開始接觸寫日記的練習時，他們的焦慮程度會明顯上升。這很可能是因為他們回想到一直以來被安置在潛意識某個地方的某件往事。

最初，潘尼貝克看到這些結果時，他很擔心自己會傷害到他的受試者。但是很快地，在一個星期之內，參與者的焦慮程度便開始下降，且

---

104 馬辛，A.（Marcin, A.），（2017年），〈九種可能有益你的健康的哭泣法〉（*9 Ways Crying May benefit Your Health*），《健康熱線》（*Healthline*），healthline.com/health/benefits-of-crying，2020年11月27日造訪查詢。

105 史崔克，G.（Straker, G.）和溫史波，J.（Winship, J.），（2019年），《談話療癒力：正常人隱藏的掙扎與改變人生的療法》（*The Talking Cure: Normal People, Their Hidden Struggles and the Life-Changing Power of Therapy*），麥克米倫澳大利亞出版社（Macmillan Australia）。

106 潘尼貝克，J. W.（Pennebaker, J. W.），（1997年），《打開心扉：情緒表達的療癒之力》（*Opening Up: The Healing Power of Expressing Emotions*），吉爾福德出版社（The Guilford Press）。

下降至低於開啟日記練習時的程度，甚至在一年之後，仍有保持下降的趨勢。這八十分鐘的干預對幸福感產生了持久的正面影響。

我鼓勵你花時間寫日記，寫下你自己的困難經歷。如果你的日記內容重複出現，怎麼辦？那並不是壞事！請放心，即使你發現自己不斷記錄類似的情緒，你也在進步當中。這樣想吧：你是如何學習彈鋼琴的？如何彈得更好？透過練習，透過不斷重複對吧？

你不會這樣對自己說：「好吧，我要坐下來試試彈奏困難的拉赫曼尼諾夫樂曲，但是我只要練習一次。」要完全理解、消化處理一首曲子，你必須一遍又一遍地彈奏。

同樣地，有時候你必須把一段艱難的經歷寫下好多次，然後你才能完全消化此事，並理解你正在經歷的事。

在二〇二〇年三月，為了因應最初的那一波冠狀病毒浪潮，進行封鎖的那幾個令人感到困惑又混亂的星期裡，我把自己隔離在家裡。這段期間我發現自己在讀詩當中找到了很大的安慰，我們在家裡安排了一些儀式，來幫助我們度過這個難關，其中一項儀式是每天晚上我們會一起讀一首詩。

最早我們先讀了十三世紀蘇菲派詩人魯米（Rumi）的〈賓客之所〉（*The Guest House*）。魯米在詩中敦促我們邀請任何的、所有的情感和思想，就像我們以開放的心靈和開放的心態歡迎客人進到我們的屋子一樣：「無論發生了什麼，都要心存感激。」無論是全家一起或是自己獨自一人，讀詩都可以成為一種奇妙的安慰儀式。

當我們處於艱難時期，詩是特別有用的反思媒介，因為它是以未經過濾的、深思熟慮的語言來呈現事物。它是對於原始的經驗、原始的情感的呈現。

**為了體驗真正的快樂，我們首先必須要讓不快樂進門來。無論如何，允許自己順著人性而活，是建立更快樂的生活的基礎。**

## 主動接受

接受自己合乎人性的全部情緒，意思並不是要聽天由命。也就是說，不是要你舉起雙手說：「好吧，我現在正經歷悲傷和憤怒，我也莫可奈何。我真是糟透了。」相反地，我鼓勵你採取**主動接受**的做法。

**主動接受就是擁抱情緒，然後選擇最適當的行動**。我們會經歷痛苦的情緒沒有什麼問題，就像萬有引力定律的存在沒有什麼問題一樣。兩者都是自然現象。問題是，我們要如何處理這些自然現象？我們要屈服於重力而跌倒，還是我們會創造梯子、橋樑、飛機呢？我們要屈服於痛苦的情緒，還是要選擇適當的行動方案？

畢竟，行動勝於情感；我們做了什麼，比我們感受到什麼更重要。例如，嫉妒我的孩子或是我最好的朋友，並不會讓我變成一個壞爸爸或是壞朋友。嫉妒的感覺可能令人覺得不舒服，但是有這種感覺並不是什麼不道德的事；它純粹只是一種感覺而已。但是，如果我根據這種嫉妒而採取行動，傷害我的兒子或是傷害我的朋友，情況就完全不同了。

我在前面所介紹的悖論之一——拒絕痛苦的情緒，會讓痛苦情緒加劇——當我們拒絕痛苦的情緒，它們就更有可能控制我們；而當我們接受自己的情緒，我們對隨後的行為就會有更大的控制權。拒絕接受自己恐懼感的人，不太可能勇敢地行動。拒絕接受自己可能對他人感到憤怒的人，到頭來更有可能在憤怒中爆發。而另一方面，接受恐懼的人更有可能起身採取大膽的行動：**所謂的勇氣並不是毫無恐懼，而是接受恐懼的存在，並繼續前進**。那些知道自己生而為人，因此能夠接受憤怒的人，更有可能慷慨、仁慈地對待他人。

假設你對於冠狀病毒或是其他健康狀況感到焦慮。如果你只是告訴自己，我不需要感到焦慮，或者別擔心。那好吧，你知道會發生什麼事。擔心和焦慮會升高，而且可能很快就會變成一種讓你難以擺脫的恐慌。而如果你承認，我對這種病毒感到焦慮和擔心，或者乾脆地承認自己是個平凡人，允許自己體驗這種情緒，那麼你接下來就有辦法選擇最合適的行動方案。

## 你不等於你的情緒

學習觀察我們正在經歷的痛苦情緒，是允許自己成為一個活生生的人的一個重要因素，因此也是療癒情緒的關鍵。透過觀察，我們學會把自己與所感受的一切區分開來，而且我們會從相信「**我等於某種情緒，轉變為我產生某種情緒。**」當我們觀察情緒能夠像觀察一般的物體那樣，我們就會意識到，正如我們不是火焰、呼吸或石頭一樣，我們也不是情緒本身。

這不是無關緊要的事，或僅僅是語義上的問題。在談論情緒時，我們很容易把我們是誰，與我們的感受融合在一起——例如我是悲傷的人，或我是嫉妒的人，這樣一來會使簡單釋放情緒變得更具挑戰性。如果我們能夠換個角度——從「我是悲傷的人」轉變成「我感受到悲傷」；從「我是嫉妒的人」轉變成「我感受到妒意」這樣我們會比較容易釋放情緒，因為我們沒有和情緒融為一體。我們不是天生具有這種情緒的人，因此放下情緒並不意味著拋棄我們是誰。

正如我在前一章討論關係時所提到的，文字創造世界：我們的語言會影響我們思考、感受和行動的方式。改變我們的語言很重要，因為這樣可以清楚地說明**我不等於我的情緒，而是我有一種情緒**。好比在你頭痛的時候，你不會認為自己就是那個頭痛吧？我們會感受到悲傷、嫉妒或任何其他情緒，這都只是一種感覺而已。

當觀察我們感受到的情緒時，我們究竟要把焦點放在什麼上？情緒與思想（認知成分）還有感覺（身體成分）是相互關聯的。例如，焦慮會產生身體上的感受，像是感覺你的喉嚨緊緊的、腸胃打結，或者覺得肩膀或下背部緊繃。認知上的想法以及身體上的感覺總合起來，就是我們所說的情緒。

牛津大學心理學家馬克·威廉斯（Mark Williams）在他合著的《是

情緒糟，不是你很糟：穿透憂鬱的內觀力量》（*The Mindful Way Through Depression*）一書中寫到有關觀察與心理疾病相關的身體感覺，是這樣說的：「從試圖忽略或消除身體上的不適，轉換為帶著友好的好奇心去關注，我們將可以轉變我們的經驗。」[107]

帶著友好的好奇心去關注，意思是不去對抗或是遠離你的感覺，而是站在它之外去觀察它。觀察什麼呢？去觀察情緒在身體上的表現——喉嚨的緊縮感或是打結的腸胃——就像你看著一件藝術品、一隻正在玩耍的狗，或者是一條奔騰的河流那樣，對自己說：「哇哦，看哪，多麼有趣！」諸如此類的話。

這不代表所經歷到的情緒不痛苦，而是你在傷痛中，以開放的思想和心靈來觀察它。然後你意識到自己是觀察者，而感覺是被你觀察的對象。換句話說，**你不是感覺本身——透過觀察它，你就可以和它保持距離，並且和它區分開來**。

你可以透過相同的友好好奇鏡頭，去觀察你的一些想法，像是「我現在正在焦慮，或者我現在能做什麼？或者我希望這種痛苦已經消失！或者我為什麼會有這樣的感覺？」透過單純觀察這些念頭，你再次體認到你是觀察者，想法則是被觀察的對象，你的想法不等於你。藉由學習單純觀察我們的情緒，培養不帶評斷和重新專注於我們的想法和感覺的能力，我們就可以讓自己擺脫第二層次的痛苦，這種痛苦是我們所製造出來的超出自然的痛苦。

觀察你的情緒除了可以幫助你體認到，你不是你的情緒之外，還有另一個重要的好處。透過關注你的情緒，你會認識到情緒的真實本質是無常、暫時的，既不是永恆的，也不會永遠存在：這種感覺、這種情況，不會永遠持續下去。無常的概念是佛教思想的核心。

無常是關於學習將情緒視為暫時的，只不過知易行難。有時候，我

107 威廉斯，M.等人（Williams, M., et al.），（2007年），《是情緒糟，不是你很糟：穿透憂鬱的內觀力量》（*The Mindful Way Through Depression: Freeing Yourself from Chronic Unhappiness*），吉爾福特出版社（The Guilford Press）。

們的情緒強烈燃燒，強到我們無法找到冷卻或消除它們的方法。所以我們就相信這種情緒就像太陽一樣，會一直在那裡；即使不是持續存在幾十億年，也會延續到生命終結才會跟我們分開。

我們的想法和感覺是我們生活的一部分，因此我們會覺得，它們似乎比具體的物體更真實；但是當我們熟悉它們的真實本質時，我們就會意識到其實不是這樣。冥想是練習觀察和熟悉我們情緒的真實本質的絕佳方法。

每一種情緒都有開始和結束，潮起和潮落，高漲和下降。透過觀察它們的自然過程，我們將可以體認到想法和感覺並不是固定的結構，它們並不是永遠不會消失，永遠不會改變，而是出現一陣子而已。它們會來，它們也會走。冥想老師兼作家馬修．李卡德（Matthieu Ricard）寫道：「情緒只是我們本性中暫時的、間接的元素。」[108]

比較快樂的人和憂鬱的人之間的差別，通常歸結於他們如何看待痛苦的情緒。憂鬱的人會體驗到習得的無助：「無論我做什麼，這種感覺都會一直存在。」而比較快樂的人也會經歷痛苦的情緒，但主要差別在於他們知道：「無論何種情緒，都將會過去。」

## 感激

黎巴嫩裔美國詩人卡里・紀伯倫（Kahlil Gibran）形容，我們就像容器一樣，能夠體驗悲傷，也能體驗快樂。每經歷一次悲傷，我們就從容器內部挖出更多空間，這意味著我們日後將有更大的容量可以體驗快樂。同樣地，在我們允許自己體驗悲傷、憤怒、焦慮還有恐懼時，我們也在擴展我們體驗快樂、愛、興奮以及希望的能力。

培養愉快的情緒在承平時期很重要，在艱難時期也很重要，在現在或其他任何時候都非常重要。感覺很好本來就是一件怡人的事，但除此

---

108 李卡德，M.（Ricard, M.），（2010年），《冥想的藝術》（*Art of Meditation*），大西洋圖書出版社（Atlantic Books）。

之外，保有愉快的情緒還有另一項目的——激發我們的活力，以及拓展眼前的可能性。北卡羅來納大學教授心理學家芭芭拉．弗列德里克森[109]（Barbara Fredrickson）建議：「透過體驗正向情緒，人們可以改造自我，變成一個更有創造力、知識更淵博、更有復原韌性、更有社會融合力，也更健康的個體。」改變自己的方法之一，是透過練習感恩。

我寫感恩日記已經有二十多年了。確切地說，是從一九九九年九月十九日開始的。我開始這樣做是因為歐普拉在她的一個節目中對這種做法讚不絕口。不過幾年之後，也就是二〇〇三年，心理學研究也證明了寫感恩日記的好處。寫感恩日記或週記，都可以讓我們更快樂、更樂觀，也更有可能實現我們的目標。它讓我們對待他人更友善、慷慨，身心也會更健康。[110]

這麼簡單的一項干預，怎麼有辦法對我們的幸福產生如此強大的影響？從根本上來說，好事和壞事都會發生在每一個人身上。至少在某種程度上，**我們的幸福程度取決於我們所選擇關注的焦點**。感恩日記所影響的，不只在於你思考和寫下生活中美好事物，或你想細細回味的那幾分鐘，它的影響範圍更廣大。

感恩專家加州大學戴維斯分校的心理學教授羅伯特・艾曼斯（Robert Emmons）所描述的正向循環，就是由此啟動：「我表達感激，然後我會覺得比較愉快，因此我對另一個人更好，然後那個人也對我更好，於是我感覺更好。接著我把我的工作做得更好一點，結果我對我的孩子更溫和，於是我感覺更充實了。」

一個小小的正向經驗就可以改變我們一整天的歷程，從處於下滑的軌道轉變為向善正循環。

---

109 弗雷德里克森，B. L.（Fredrickson, B. L.），（2001年），〈正向情緒在正向心理學中的作用：正向情緒的擴展和構建理論〉（*The Role of Positive Emotions in Positive Psychology: The Broadenand-Build Theory of Positive Emotions*），《美國心理學家》（*American Psychologist*），第56卷，第3期，頁218-226。

110 愛蒙斯，R.（Emmons, R.），（2008年），《道謝：練習感恩如何讓你更快樂》（*Thanks: How Practicing Gratitude Can Make You Happier*），水手圖書出版公司（Mariner Books）。

當生活艱難，周圍的一切都顯得黯淡無光時，此時表達感謝是一個特別有用的工具。幸福科學的一個基本前提是，在任何情況下，你都可以找到值得感謝的某些事，即使只是感恩度過了這一天，這樣也很好。**就算事情看起來正在走下坡，但只要你能夠把焦點放在一兩件進展順利的事情上，你就可以扭轉乾坤。一根蠟燭就可以照亮整個黑暗的房間。**

你在寫感恩日記時，不必刻意抽離情緒，以至於落入千篇一律的乏味陷阱。那麼我們該如何保持感恩日記的趣味性？首先，你可以找到新的東西來關注與感謝，這個世界如此豐富，總是有新的東西可以讓我們欣賞。第二，即使你在重複感謝同樣的事物，你仍然可以透過觀想，以及細細品味來體驗新鮮感。你可以閉上眼睛想像讓你感激不盡的是什麼。當你積極地把你正在寫的東西視覺化，這時你會活化大腦的視覺皮質，避免自己進行自動駕駛的模式。[111]

然後，你可以花一點時間，甚至只是幾秒鐘，來品味你所感謝的事物並且和它產生連結。假設我想對我的孩子大衛（David）、雪莉

（Shirelle）還有伊利亞夫（Eliav）表示感謝。我的腦海中會先出現他們的形象，並在心裡細細品味我對他們的愛。

我把自己和這份愛連結起來，體驗到芭芭拉·弗列德里克森所謂的發自內心的正向性（*heartfelt positivity*）[112]所帶給自己的正面感受。然後我在我的感恩日記中，寫下他們的名字。那時，心存感激是一種真實的感受。相反地，如果我只是把它寫下來，但沒有停下來感受，可能就會降低其成效。

另外，還有一種感恩形式非常有用，那就是慶祝你的勝利——即使只是很小或是平凡的勝利也值得慶祝。哈佛大學教授泰瑞莎·安瑪比爾

---

111 寇斯林，S. M.（Kosslyn, S. M.）、湯普森，W. L.（Thompson, W. L.）和甘尼斯，G.（2006年），《心像》（*The Case for Mental Imagery*），牛津大學出版社（Oxford University Press）。

112 弗雷德里克森，B. L.（Fredrickson, B. L.），（2001年），〈正向情緒在正向心理學中的作用：正向情緒的擴展和構建理論〉（*The Role of Positive Emotions in Positive Psychology: The Broadenand-Build Theory of Positive Emotions*），《美國心理學家》（*American Psychologist*），第56卷，第3期，頁218-226。

（Teresa Amabile）和發展心理學家史蒂文・克瑞默（Steven Kramer）的研究指出，花時間反思一件你在白天有所進展的、有意義的事，會讓你更有效率、更有創造力，而且可以提高你的工作滿意度。[113]

所謂有意義的進步，不需要是朝著某個崇高的目標邁進了一大步；只要是在有價值的事情上有任何貢獻都可以，例如召開一次互動良好的客戶會議，或是開發的計劃稍微有進展。

「進步原則」（progress principle）也可以應用到個人生活中。無論是洗完三桶衣服，教你的孩子如何綁鞋帶，還是最後終於粉刷了你的客廳——這些統統都算數。**不要把生活中任何領域的美好事物視為理所當然，感謝你獲得的任何進步。**

你可能會想，這一切聽起來很不錯，但是我沒有時間寫感恩日記！寫日記不需要很長的時間，每晚只需要兩、三分鐘就可以了。試試看吧，即使你每週只記錄了一、兩次——效果還是會讓你大吃一驚。

此外，如果你把寫感恩日記當作一種常規的練習，那麼你在一整天當中，就會開始尋找稍後要放入日記中的東西。這樣可以幫助你更專注於當下。我們家每個星期至少要進行一次感恩儀式，我們會圍著餐桌跟每個人分享我們覺得感激的事情。

我知道，我的孩子整個星期都在收集值得他們感恩的事，他們會把這些事記在心裡，留待之後跟家人分享。這個簡單的練習可以成為一種寶貴的儀式，你可以獨自進行或是跟他人一起進行，無論是在家裡還是在工作場所，無論是在好日子裡還是在困難時期，都可以適用。

---

113 安瑪比爾，T.（Amabile, T.）和克瑞默，S.（Kramer, S.），（2011年），《進步原則：用小勝利來激發工作中的快樂、參與和創造力》（*Progress Principle: Using Small Wins to Ignite Joy, Engagement, and Creativity at Work*），哈佛商業評論出版社（Harvard Business Review Press）。

## 快樂是會傳染的

一九九〇年代初，一些義大利科學家在猴子的大腦中分離出一個神經元。每次猴子把牠的手伸向牠的嘴巴時，這個特定的神經元就會放電。有一天科學家們注意到神經元正在放電，但是實際上猴子們當時卻好好坐著沒有任何動作。

起先，他們認為這是某種故障。直至終於有人意識到發生了什麼事——實驗室裡的一位科學家正在吃甜筒冰淇淋。當猴子看到科學家舉起手並伸向嘴部時，牠們的神經元都會放電，就好像猴子自己也在做這件事，因而產生放電反應。科學家們透過這個實驗意外發現了鏡像神經元（mirror neurons）。[114]

經過許多研究後，現在我們對於這些鏡像神經元的重要性，有了更充分的認識。它們是同理與學習基礎的腦細胞，如同嬰兒透過模仿他人來學習。事實證明，鏡像神經元也是情緒傳染的關鍵驅動力。**一個人的情緒可以觸發另一個人的相同情緒**。因此，當我們心情愉快、綻放笑容或是開懷大笑時，我們通常也會讓周圍的人的心情變好。

因此，表達感激之情不僅會在我們內心產生一種正向循環，而且還會改善我們周圍所處的環境。當我們表達我們的感謝，我們會覺得心情變好；當我們心情變好，透過情緒的傳染，其他人的心情也會變好；而當他們的心情變好，我們的鏡像神經元就會做出反應，我們的情緒也會隨之變得更好。然後就一而再，再而三發生連續反應……

114 法拉利，P.F.（Ferrari, P.F.）和里羅拉提，G.（Rizzolatti, G.），（2014年），〈鏡像神經元：過去與未來〉（*Mirror neuron Research: The Past and the Future*），《自然科學會報》（Philosophical Transactions of the Royal Society of London），系列B，生物科學（Biological Sciences），369（1644）。

## 寫一封感謝信

另一種可以直接讓你和其他人處於正向循環的有力干預，就是寫一封感謝信。馬汀．塞利格曼（Martin Seligman）教授請他的學生寫一封感謝信，給他們想要感謝的人。在那封信中，他們要解釋他們為什麼心存感激，以及他們感謝對方什麼，然後最好能把這封信唸給那個人聽。

塞利格曼表示，在他幾十年的教學生涯裡，他從未見證過他所安排的練習，居然能產生如此強烈的情緒，因此他和他的同事進行了一項研究。[115]不出所料，他們發現寫感謝信，無論是對於寫信的人、收信人以及雙方的關係，都具有真實而持久的影響。

每年，我都會請我大學部的學生寫一封感謝信，給一位他想要感謝的人。這個人可以是父母、朋友、導師或是任何他們想要感謝的人。這項簡單的練習所產生的影響是相當顯著的。

這裡有一個例子：約翰（化名）是我班上的一名學生。儘管有將近一千名的學生修我這門課，我總是能在約翰進入大講堂時一眼就看到他，補充說明這是在我最初一班只有六名學生之後幾年。他人高馬大，是哈佛橄欖球隊的一員。

他總是一個人來上課，並且坐到最後面，然後在下課時不發一語地走出去，這種情況一直持續到我指派感謝信練習的一個星期之後。那個星期二，當我下了課在收拾筆記和電腦時，他來到講台附近並走向我，詢問我他是否可以在我的學生諮詢時間來找我，我回答他，當然可以。

第二天在我的辦公室裡，他說：「教授，這是我在哈佛三年來，第一次出現在學生諮詢時間。」他是來跟我分享他寫感謝信的經歷。他告訴我，他的這封信是寫給他的父親，他週末回家讀給他爸聽。然後他低下頭，再抬頭的時候，我看到他的眼眶裡有一顆小小的淚珠。他說：

115 塞利格曼，M. E. P.（Seligman, M. E. P.）、史汀，T.A.（Steen, T.A.）、帕克，N.（Park, N.）和彼得森，C.（Peterson, C.），（2005年），〈正向心理學的進步：干預的實證驗證〉（*Positive Psychology Progress: Empirical Validation of Interventions*），《美國心理學家》（*American Psychologist*），第60卷，第5期，頁410-421。

「在我唸這封信給我爸爸聽之後，他擁抱了我。」約翰又停頓了一下，然後繼續說：「這是自我八歲以後，他第一次擁抱我。」他跟我道謝之後，起身離開。

另一名學生黛比（化名）寫了一封感謝信給她的小學籃球教練。這位教練早就退休了，黛比說，讀這封感謝信給教練聽，讓教練看起來年輕了十歲。

想想看，誰對於塑造你的生活有重要的影響力。你要不要寫一封感謝信，就是一封信，來感謝讓你覺得收穫很大的人呢？即使你是寫信給一個已經不在世上的人，寫感謝信仍然會對寫下這封信的你產生影響，因為你挖掘出那種深刻而真實的感激之情。

所以寫一封信給那些讓你的生活變得更好的人吧。把信唸給他們聽，無論你跟他們是處在同一個封閉的空間裡，還是透過科技與他們聯繫。或者你也可以透過電子郵件寄送這封信。感謝信對於寫信的人和收到信的人的影響，都很巨大。它不僅會影響你在情緒方面的幸福感，還會讓你覺得有意義（精神幸福），並且能夠拉近你們之間的距離（關係幸福）。

它甚至可以增強你的免疫系統（身體健康）。如果你能定期寫感謝信，甚至每隔幾個月就寫一次，它真的可以提升你的全人幸福。

如果學校導入感謝信的實作練習，讓它成為課程的一部分，結果會怎麼樣呢？如果管理者以身作則，鼓勵員工向同事和客戶表達感謝之意，結果又會如何？我想我們的世界會變得更美好、更友善、更快樂、更健康。你可以利用以下的頁面，寫一封感謝信給你想感謝的人：

## 培養希望

最後，我們感恩的對象不是只有針對過去——感謝某人過去所做的事，或者回顧你的一天；也可以針對未來。心理學家哈達沙·利特曼·歐瓦迪亞（Hadassah Littman Ovadia）和迪娜·尼爾（Dina Nir）進行了一項研究，要求參與者寫下他們白天期待的三件事。[116]這三件事可能是大事，也可能是小事——可能是與朋友通電話、讀一首詩或是吃午餐。是什麼並不重要，只要是他們期待的三件事就可以。

雖然進行這項活動的人，並沒有出現愉悅的情緒激增的情況。然而，他們**確實**經歷比較少的痛苦情緒，也沒有那麼悲觀。這是為什麼呢？**因為透過一些值得期待的東西，我們為自己帶來了希望，這就是積極的未來日記的意義**。當我們懷抱希望，我們就不會那麼悲觀了。此外，當我們有時難免會經歷的悲傷（請記得，除非我們患有精神疾病或是已經死亡了才能避免這些感受）只要我們順利承接情緒，我們將變得更有復原韌性。再強調一次，悲傷和憂鬱的區別在於，憂鬱是沒有希望的悲傷。

我最喜歡的英文單字是「appreciate」，它有兩個意思。To appreciate（感恩）就是對某事說謝謝，對它心存感激——這是很重要的。古羅馬哲學家西塞羅把感恩稱為一切美德之父。幾乎每一種宗教都強調要心存感謝、懷抱感恩之情，而不是把事情視為理所當然。這是*appreciate*這個英文字的第一個含義。第二個含義則是增值。例如，我們的房屋或是放在銀行的存款的價值可望升值。健康時期的經濟會升值、成長。

Appreciate這個英文字的兩個含義是相互關聯的。我們現在有數據可以證明，**當你對好人好事心存感激時，好人好事的價值就會再昇華。當你對生活中的美好事物心存感激，不把它們視為理所當然時，生活中的**

116 利特曼·歐瓦迪亞，H.（Littman-Ovadia, H.）和尼爾，D.和尼爾，D.（Nir, D.），（2013年），〈期待明天：每日樂觀干預的緩衝效應〉（Looking Forward to Tomorrow: The Buffering Effect of a Daily Optimism Intervention），《正向心理學期刊》（Journal of Positive Psychology），第9卷，第2期，頁122-136。

**美好事物就會成長**。遺憾的是，反向也是如此運作：當你對於美好事物沒有心存感謝，美好的事物就會貶值，而你擁有的好事就會變少。所幸，即使在困難時期，總有一些事情值得你感謝，生活中總有一些美好可以讓你心存感恩。

海倫．凱勒（Helen Keller）出生時感官完好無缺，但是在她十九個月大時，生了一場病，造成她永久失聰和失明。五年來，凱勒一直生活在一個對她來說毫無意義的世界裡，直到一位名叫安．沙利文（Ann Sullivan）的老師出現，幫助凱勒理解字彙和語言的概念。這項突破最終使得凱勒能夠與外界交流，分享她豐富的內心世界，同時也讓她能夠掌握外在世界，並且把它帶進她的內心。

在她的文章〈假如給我三天光明〉（*Three Days to See*）中，凱勒寫道，如果給她三天的時間，讓她可以再次真正看得到、聽得見的話，她會做什麼。[117] 這篇鼓舞人心的文章是對感恩的禮讚，而它本身就是一門感恩的課程。它比我讀過的任何其他文章都更能提醒我們，要對我們所擁有的東西心存感激。

在這篇文章中，凱勒講述了一位朋友到她居住的麻塞諸塞州劍橋市，來探望她的故事。她的朋友外出至森林裡散步，當她回來時，凱勒問她看到了什麼。她的朋友回答說：「沒什麼特別的。」凱勒回應：

> 我問自己，怎麼可能在樹林裡走了一個小時，卻沒看見任何值得注意的東西？如果我能從單純的觸摸中，獲得如此多的快樂，那麼視覺必然可以揭示出更多的美麗。然而，那些有眼睛的人顯然只看到一點點東西。各式各樣充滿世界的色彩和行動，都被認為理所當然。也許，這是因為人類很少欣賞我們擁有的東西，而渴望我們沒有的東西，但非常遺憾的是，在光明的世界裡，視力的禮物只被當成是一種方便，而沒有被用做一種為生活增添充實感的手段。

---

117 凱勒，H.（Keller, H.），（1933年），〈假如給我三天光明〉（*Three Days to See*），《大西洋月刊》（*Atlantic Monthly*），afb.org/about-afb/history/helen- keller/ books-essays-speeches/senses/three-days-see published-atlantic，2020年11月27日造訪查詢。

海倫・凱勒的〈假如給我三天光明〉最初發表在一九三三年的《大西洋月刊》（*Atlantic Monthly*）上。你可以自己讀這篇文章，或是和家人一起大聲朗讀；讀它，就對了。

接著我邀請你好好地環顧一下四周。聽一聽、摸一摸、嘗一嘗、聞一聞——用你的每一種感官，來體驗這個世界所提供的禮物。有的時候，我們會覺得好像在生活中迷失了方向——這時我們的注意力需要從溫柔的重新定向中，找到方向。

這篇文章可以引導我們重新審視一直存在的東西，包括我們的內心還有我們周圍的一切。何不把這篇文章列印出來，放在你附近的桌子上、冰箱上或是你的床邊呢？每當你需要提醒如何懷抱感恩之心，細細品味生活所提供的一切時，你都可以回來重讀這篇文章。

SPIRE檢核

# 情緒上的幸福

請把焦點放在情緒上的幸福，完成SPIRE檢核的三個步驟：打分數、說明和對症下藥。首先請你反思以下的問題：

- 你體驗過愉快的情緒嗎？
- 你能擁抱痛苦的情緒嗎？
- 對於你的生活中所擁有的東西，你大部分都認為是理所當然的嗎？
- 你珍惜你所擁有的一切嗎？

根據你的反思，確認你在情緒上感受到何種程度的幸福感，然後幫自己打分數。請你從一到十給分，一分代表幸福感很低，或是很少體驗到幸福的感覺，而十分則代表很幸福，或是常常有幸福的感覺。

分數打好之後，請你用書面形式說明你給自己打這個分數的原因。然後，請你對症下藥，替自己開立處方箋，一開始只需設定讓你的分數增加一分就好。

你可能可以這樣做，像是：每天或每週進行一次感恩練習，每週或每隔一個月寫一封感謝信；或是寫日記，讓你可以表達自己的情緒，讓情緒自由流動；或者每天冥想幾分鐘，把這個當成一種接受自己的情緒的方式。每週檢查一次自己的狀態。

結論

# 繼續前進

幸福是會傳染的，即使處境變得艱難，你還是可以做一些事，讓自己和與你互動的人變得更快樂！

快樂地生活是一種內在的靈魂力量。

——馬可．奧理略（Marcus Aurelius）

彼得．杜拉克（Peter Drucker）被許多人視為現代管理研究之父。他於一九〇九年出生，在二〇〇五年去世的時候，距離他的九十六歲生日只差一個星期。杜拉克一生周遊世界，與成千上萬的經理人和領導者交談。然而，在他的晚年，他不喜歡經常去旅行，所以他沒有冒險出去與他人交流，而是讓大家來找他。《財富》世界五百強的CEO、政界領袖、高階管理人員，紛紛湧向加州的克萊蒙特市，與這位管理大師共度神奇的週末。

杜拉克是這樣開啟這些週末對談的，他會告訴參與者到了下週一，當他們回到他們原本的生活，回到他們的家和辦公室時，他不希望他們為了今天與他所擁有的美好時光，而歡欣鼓舞地打電話給他，而是希望他們告訴他，他們為自己導入了哪些新的做法。他會說：「星期一的時候，不要告訴我這有多棒；告訴我，你的做法有何不同。」

彼得．杜拉克為什麼這麼說？因為他在變革事業中度過了六十多年之後，明白大多數的變革努力都會以失敗收場，週末靜修或是自助書籍所帶來的領悟，無論多麼棒，通常只會產生蜜月效果而已。因此不管學習的體驗有多麼強烈，大多數的人後來都會回到體驗之前的狀態。

為了帶來有效的改變，只靠頓悟的那個片刻是不夠的，而是必須應用你所領悟到的，嘗試看看、實驗一下。

接下來我們將快速回顧SPIRE的五個元素。當你閱讀我在以下列出來的東西，思考我們在本書中探討的一些想法時，**請你問問自己：我可以在每個元素中，做些什麼不同的事，來幫助自己，無論如何都足以變得更快樂？**

**精神上的幸福**：我們幾乎可以在我們所做的每件事情上，賦予意義與重要性——亦即賦予一種目的。我們可以改變自己看待工作的方式，從「把工作視為一份差事或職業」，轉變為「一項使命」。同樣地，我們可以找出日常活動的精神。我們所做的一切，無論看起來多麼平凡，如果我們能夠導入止觀覺察（mindful awareness），平凡的經驗就可以被提升為不凡。正如有一種論點主張我們只利用了大腦容量的一小部分，我認為我們也只利用了存在於每一刻的精神容量的一小部分。請記得專注於當下。

**身體上的幸福**：請記住，壓力不是問題。當我們沒有得到足夠的修復時，才會出問題。我們可以透過三十秒的呼吸訓練或是十五分鐘的休息時間，進行微修復。我們可以利用好好睡一覺或是休息一天來體驗中度修復；最後，我們可以透過度假（不一定是旅行）來享受更長時間的徹底修復。不要忘記鍛鍊身體的重要性——在承受壓力的時期，更是如此。健身會讓我們的肌肉分解，但這對我們有好處，它讓我們變得更強壯。這就是反脆弱性的意義所在。

**智識上的幸福**。保持好奇心以及對經驗抱持開放的態度，能夠幫助我們充分利用生活所提供的一切。現代世界最大的問題之一，就是深度學習已經被膚淺的學習所取代。大多數的人認為他們沒有足夠的時間，而且認為自己肯定缺乏耐心去深入研究一本書、一件藝術品或是大自然。然而，深度參與對於維持個人的完整與超越自我，相當重要——從事業上的成功到享受長期的關係，都與此有關。最後，能夠允許自己自由地犯錯，以及從失敗中汲取教訓是成長的關鍵，因為結果將為我們帶來更幸福的生活。

**關係上的幸福**。幸福的首要測量指標是親密關係。即使我們不能和朋友出去，或者無法常常面對面交流，我們仍然可以採取一些措施，來加深我們的關係。當我們真正傾聽時，當我們被傾聽時，當我們分享並敞開心扉時，我們就可以滋養我們的關係。我們也可以透過虛擬的方式來達成這些。同樣地，當我們付出，當我們伸出援手——當我們待人慷慨、善良時——我們會變得更快樂，我們的關係也會得到改善。不要忘記危機很重要。持久的關係並不是一切都很完美的關係，而是那些你學會駕馭衝突並且雙方共同成長的關係。

**情緒上的幸福**。允許自己順應人性，允許我們自己體驗人類的各種情緒，一直都是非常有價值的，而在困難時期，我們常出現更極端、更複雜的情緒，此時允許自己順應人性尤其重要。當我們拒絕痛苦的情緒時，它們不僅會加劇，而且我們也會在無意中拒絕愉悅的情緒，因為我們所有的情緒都是流經同一條情緒管道。培養情緒幸福最好的方法之一，就是更常表達感激之情。這是一種強而有力的干預，可以在我們的生活中創造對我們有益的正循環。

SPIRE的每一個元素都會影響其他的元素，並受到其他元素的影響。這種相互連結本身就是希望的源泉，因為在我們確定整體的元素時，我們同時確定了帶動變革的槓桿，SPIRE檢核可以幫助你找出這些槓桿的支點。

SPIRE檢核提供一份關於你的整體幸福的總結報告，你可以經由這樣的檢核得知後續可以採取的行動。我誠懇建議你定期持續確認自己的狀態。當你的生活能夠有漸進的、持續的改變時，你不僅會變得更快樂，而且對你的未來也更加樂觀，更加充滿希望。

## 讓愛傳出去

既然你已經學到SPIRE有哪些要素，那麼何不與你關心的人分享這些策略呢？為什麼不把這些策略傳遞出去呢？電影《讓愛傳出去》（*Pay It Forward*）要傳達的基本訊息就是，利用人類互動時所帶動的指數效應，個人便可藉此創造一個不同的世界。電影中由哈利·喬·奧斯蒙（Haley Joel Osment）所扮演的學生，想出了一項課堂計劃，希望透過替三個人做一些好事來改變世界，並要求這三個人把善行再傳遞給其他三個人，做為回報；後來的這三個人又被要求做一樣的回報，然後依此模式傳遞下去。

這個想法既簡單又很棒。大多數的人低估了他們自己或是一小群人實現變革的能力。查蘭．內米斯（Charlan Nemeth）、賽奇．莫斯科維奇（Serge Moscovici）以及許多其他人在社會心理學的研究結果，印證無論是小團體還是個人的少數群體的力量——能夠帶來改變並產生重大的影響。[118]

哲學家拉爾夫．沃爾多．愛默生（Ralph Waldo Emerson）的看法與此相近，他指出「所有歷史都是少數人的力量的記錄，也是少數人的記錄。」正如人類學家瑪格麗特．米德（Margaret Mead）所指出的：「永遠不要懷疑一小群有想法的、忠誠的公民可以改變世界；事實上，有史以來一直都是如此。」[119]

由於人類網絡特有的指數效應，因此一個人或一小群人是有能力帶來廣大社會變革的。以散播微笑為例：如果你讓三個人微笑，接著他們又讓三個不同的人微笑，然後這九個人當中的每一個人都讓另外的三個人微笑，那麼在二十次的迭代中，你所觸及的人數將覆蓋全世界的人口。如果你讓四到十個人微笑，你將徹底增加自己影響世界各地的人的機率。同樣的道理，如果你真誠地讚美三到十個人，他們更有可能以同樣的方式對待他人，因此把善良與幸福傳遞出去。

**幸福是會傳染的，因此所有跟你互動以及受你影響的人，都會成為你的幸福載體，並且把幸福傳播到四面八方。**[120]

即使處境變得艱難，你還是可以做一些事，讓自己變得更快樂；當你這樣做，將幫助其他人見賢思齊。請記住，你是一種帶有目的性與存

---

118 內米斯（Nemeth, C.）（1974年），《社會心理學：古典與現代的融合》（*Social Psychology: Classic and contemporary Integrations*）（第七版），蘭德麥克納利出版社（Rand McNally）。

119 薩莫斯（Sommers, F.）（1984年），《治癒核瘋狂》（*Curing Nuclear Madness*），梅休因出版社（Methuen）。

120 克利斯塔基斯，N.A.和福樂，J.H.（2009年），《連結的力量：我們社交網絡的驚人力量以及它們如何塑造我們的生活》（*Connected: The Surprising Power of Our Social Networks and How They Shape Our Lives*）。利特爾布朗出版公司（Little, Brown and Company）。

在性的靈性生物。你是一種具有肉體的生物，身心合一，充滿能量和活力。你是一種有知識的生物：好奇、有深度、有能力學習與成長。你是一種重視關係的生物，慷慨又善良，有愛與被愛的能力。你是一個有情緒的生物，能夠體驗痛苦與快樂，同情與歡樂。

你可以享有全人的幸福。

# 謝辭

這些充滿挑戰的時期，在我們眼裡會成為希望之春還是絕望之冬，有很大的程度和我們生活中遇到什麼樣的人有關。在這方面，我是蒙受祝福的人。

有幾位同事和朋友，如果沒有他們，我就不會寫這本書。首先要提到的是凱蒂．麥克休．馬林（Katie McHugh Malin），她的話還有她的智慧貫穿全書。而最早建議我寫這本書的人，則是來自於 The Experiment 的巴蒂亞．羅森布魯姆（Batya Rosenblum）以及來自 The Sagalyn Agency 的雷夫．薩加林（Rafe Sagalyn），他們在整個撰寫過程中一直貢獻他們寶貴的見解。

我在快樂研究學院（the Happiness Studies Academy）的同伴們孜孜不

倦、夜以繼日地工作，幫助世界各地成千上萬的學生在困難時期找到方向，散播快樂、美好與善良。

再來是我的事業夥伴和親愛的朋友安格斯．里奇偉（Angus Ridgway）。在我們每一次的互動中，讓我學到在一帆風順時，以及在海面波濤洶湧時，領航者的意義何在。

儘管自從COVID-19爆發以來，我和我的父母、兄弟姊妹還有他們的家人保持著物理上的距離，但是他們的關心與支持卻有增無減。儘管自從COVID-19爆發以來，我和我的妻子以及孩子彼此之間的物理距離更接近，但是我對他們的愛與日俱增。

國家圖書館出版品預行編目資料

更快樂的選擇 : 哈佛史上最受歡迎的正向心理學，5 個面向鍛造反脆弱韌性，建立心理復原力！ / 塔爾 . 班夏哈 (Tal Ben-Shahar) 著 ; 朱靜女譯 . -- 第一版 . -- 臺北市 : 天下雜誌股份有限公司 , 2023.01
304 面 ; 14.8×21 公分 . -- ( 心靈成長 ; 96)
譯自 : Happier, no matter what : cultivating hope, resilience, and purpose in hard times
ISBN 978-986-398-850-2( 平裝 )

1.CST: 快樂 2.CST: 自我實現

176.51 111019547

心靈成長 096

# 更快樂的選擇

哈佛史上最受歡迎的正向心理學，5個面向鍛造反脆弱韌性，建立心理復原力！

**Happier, No Matter What: Cultivating Hope, Resilience, and Purpose in Hard Times**

---

作　　者／塔爾・班夏哈（Tal Ben-Shahar）
譯　　者／朱靜女
封面設計／葉馥儀
內文版型／葉若蒂
內頁排版／菩薩蠻電腦科技有限公司
責任編輯／盧羿珊

天下雜誌群創辦人／殷允芃
天下雜誌董事長／吳迎春
出版部總編輯／吳韻儀
出 版 者／天下雜誌股份有限公司
地　　址／台北市 104 南京東路二段 139 號 11 樓
讀者服務／（02）2662-0332　傳真／（02）2662-6048
天下雜誌 GROUP 網址／ http://www.cw.com.tw
劃撥帳號／ 01895001 天下雜誌股份有限公司
法律顧問／台英國際商務法律事務所・羅明通律師
印刷製版／中原造像股份有限公司
裝 訂 廠／中原造像股份有限公司
總 經 銷／大和圖書有限公司 電話／（02）8990 -2588
出版日期／ 2023 年 1 月 3 日第一版第一次印行
定　　價／ 400 元



書號：BCCG0096P
ISBN：978-986-398-850-2（平裝）

**直營門市書香花園　台北市建國北路二段 6 巷 11 號　（02）25061635**
**天下網路書店 shop.cwbook.com.tw**
**天下雜誌出版部落格——我讀網 books.cw.com.tw/**
**天下讀者俱樂部 Facebook www.facebook.com/cwbookclub**